한반도와
동북아 평화를 위한
가톨릭의 역할

CATHOLIC
PEACE
01

한반도와
동북아 평화를 위한
가톨릭의 역할

| 이기헌 외 5인 지음 |

가톨릭동북아평화연구소

| 목차 |

평화를 위한 교회의 성찰   007
이기헌 주교 의정부교구장 · 주교회의 민족화해위원회 위원장

제1부 가톨릭과 한반도 평화

평화와 군축   023
아비 가넴 신부 전 제네바 주재 UN 대표부 교황청 참사관

한반도와 평화 통일: 도전과 기회   041
박한식 교수 미국 조지아대 명예교수

제2부 한반도 평화를 위한 가톨릭의 역할

평화를 위한 기반   071
로버트 맥엘로이 주교 미국 샌디에고교구장

한반도의 평화 : 가톨릭교회가 추구하는 평화   095
고로 마츠우라 주교 일본 나고야교구장

한반도에서 시작하는 동북아 평화   115
강우일 주교 제주교구장

평화를 위한 교회의 성찰

이기헌 주교
의정부교구장, 주교회의 민족화해위원회 위원장

한국 천주교회에는 북한과 인접한 세 교구가 있다. 동쪽에 있는 춘천교구, 서해를 끼고 북한을 마주하고 있는 인천교구, 그리고 우리 의정부교구이다. 특히 의정부교구는 남북을 잇는 중요한 교통로에 위치하고 있다. 이러한 교구의 지역적 특성 탓에 우리 교구는 민족의 화해와 평화를 실현하는 활동에 유독 큰 관심을 갖고 있다. 나 개인적으로도 어린 시절 부모님을 따라 월남한 실향민의 한 사람이다. 이 때문에 누구보다 한반도의 평화와 통일을 간절히 바라고 있다. 그리고 한반도의 평화와 통일을 위한 일이라면 그 누구보다 열심히 앞장서려 노력하고 있다.

평화를 위한 대화의 길로 들어서며

우리 앞에 있는 DMZ는 한국전쟁의 비극과 남한과 북한이 70여년 세월 동안 서로를 미워하고 두려워하며 대결하는 모습을 극명하게 보여주는 상징이다. DMZ는 단순히 남북을 가르는 경계선 이상의 의미가 있다. 복잡하게 얽혀있는 지정학적이고 역사적인 요인들을 고려해야겠지만, 오늘날 세계 패권국이라 할 수 있는 미국과 중국의 패권경쟁이 가속화되는 대결 전선의 한복판에 한반도가 자리하고 있다는 점이 중요한다. 이 때문에 미국과 일본을 한 축으로 하는 해양세력과 중국과 러시아를 다른 한 축으로 하는 대륙세력의 대결 구도가 한반도에서 형성되고 있다. 한반도의 긴장상황을 빌미로 이루어지는 일본의 군사대국화도 동북아 역내 주민들의 심각한 우려를 낳고 있다. 일본은 중국과 한국을 대상으로 영토분쟁의 위기감을 고조시키면서 집단적 자위권 행사의 명분을 쌓아가는 중이다. 중국을 견제하려는 미국의 움직임도 심상치 않다. 미국은 각종 최첨단 무기체계들을 동맹국에 전개 또는 배치하고 있다. 또한 미일동맹도 전례 없이 강화되고 있다. 중국과 러시아도 이 미일 동맹에 대응하기 위해 결속하는 분위기이다.

이처럼 그 어느 때 보다 긴박한 정세가 동북아에 조성되고 있어 우리의 지혜로운 판단과 결정이 절실하다. 만일 우리가 지혜롭지 못하면 과거 우리 민족의 뜻과 상관없이 양대 세력의 충돌의 장으로서 큰 희생을 치러야 했던 고통의 역사를 재현할 수도 있다.

제2차 세계대전이 마무리되며 현실화된 동서 대결구도 속에서 한반도는 5백만 명 이상의 희생자를 내는 처참한 전쟁을 치러야 했다. 그토록 불행한 역사를 가진 이 땅에 지금 또 다시 끔찍한 전쟁의 그림자가 드리우고 있다. 남과 북, 미국, 일본과 중국, 러시아가 대결하는 희망을 찾기 어려운 갈등 현실에서 우리 교회가 진정한 평화를 실현하기 위해 어떤 노력을 할 수 있을까?

한반도 평화 실현에 '참회와 속죄의 성당'이 갖는 의미

평화를 위한 교회의 사명을 성찰하기 위해 우선 한반도의 평화를 위해 봉헌된 이 성당의 의미를 되새기며 용서와 화해를 위한 교회의 역할에 대해 묵상해보고자 한다.

보편교회의 사회교리는 평화에 관한 교회의 사명에 관해 "세계 평화의 증진은 지상에서 그리스도의 구원 활동을 계속해 나가는 교회 사명의 필수적인 한 부분이다. 사실 교회는 그리스도 안에서 성사이며, 세상 안에서 세상을 위한 평화의 표지이며 도구"[1]라 설명하면서, 평화를 위한 길로 '용서와 화해'를 제시하였다. 현실에서 도달하기 어려운 것처럼 보이는 참된 평화에 이르기 위해 "진정한 평화는 오로지 용서와 화해를 통해서만 가능해진다."[2]고 선언하였다.

평화와 화해에 관한 역대 교황님들의 이러한 가르침들을 살펴보면, '참회와 속죄'라는 이름을 가진 이 성당에서 평화를 위한 교회의 역할에 대해 이야기하는 것이 매우 뜻이 깊다.

우선 '참회와 속죄'라는 이 성당의 이름은 아직도 적대하는 이 한반도의 평화를 위해 우리 교회가 한국전쟁 중에 서로 형제를 죽였던 죄를 참회하고 속죄하겠다는 마음을 표현하고 있다. 또한 이 성당은 북한지역에 있던 성당과 그 신앙을 기억하려는 의지도 표현하고 있다. 이 땅의 평화를 기원하기 위해 지은 이 성당은 한국전쟁 이전 북한 지역에 존재했던 성당을 모델로 하였다. 지금은 존재하지 않을 것으로 보이지만, 그리 오래지 않은 과거에 적지 않은 신자들이 우리와 같은 신앙을 고백했다는 사

---

[1] 교황청 정의평화평의회, 『간추린 사회교리』, 516항.
[2] 교황청 정의평화평의회, 『간추린 사회교리』, 517항.

실을 이 성당이 기억하게 해준다.

이 성당의 외관은 신의주에 있던 진사동 성당을 모방했다. 진사동 성당은 미국 메리놀회 선교사들이 지었다. 일제강점기였던 1922년부터 평안도 지역에 진출했던 메리놀회는 20여년 사이 21개 본당을 설립하는 등 선교에 큰 성과를 거두었다. 하지만 일본과 미국 사이에 태평양 전쟁이 발발하면서 1942년 6월, 선교사 전원이 미국으로 강제 추방당하였다. 메리놀회 신부들은 당시 바티칸의 새로운 선교 방식을 적극적으로 수용했고, 선교지의 평신도 교육과 방인사제 양성을 위해 노력했다. 동양식의 분위기로 지어진 이 성당은 그들의 이러한 토착화 노력을 반영하고 있다.

'참회와 속죄의 성당' 내부는 함경도 덕원에 있던 베네딕도 수도원의 성당 모형을 본떴다. 베네딕도회 덕원 수도원은 당시 독일인과 한국인 수도자 백여 명이 생활했던 곳으로 함경도 지역 천주교의 중심이었다. 베네딕도회는 분원 형태로 함경도 전역에 본당, 수녀원, 교육기관 등을 가지고 있었고, 덕원 수도원 자체로만 440헥타르의 대토지를 소유했다. 덕원 수도원은 신학교, 인쇄소, 양조장, 정미소, 농장 등도 운영했다.

참회와 속죄의 성당 제대 상단 모자이크화는 북한 작가들의 작품이다. 종교의 자유가 제약을 받는 북한에서는 이러한 종교적인 작품을 만들 수 없었다. 북한 예술가들은 압록강을 건너 중국 땅에서 우리 교회의 신앙과 희망을 표현하는 이 예술품을 만들었다. 평화라는 말이 새겨진 복음서를 펼치고 계신 예수님 주변으로 남한과 북한의 순교 성인들이 평화의 주님께 이 땅의 평화를 위해 전구하고 계신다. 비록 지금은 갈라져 서로를 적대하고 있지만, 과거 역사를 재현하며 남한과 북한 사람들이 한 형제로 한반도의 평화를 위해 이 성당을 봉헌했다는 의미를 살리려 노력한 것이다.

나는 이 성당을 방문할 때마다 이 극동의 땅 한반도에 전해진 그리스도교 신앙의 역사와 이 아름다운 성전에 새겨진 참회와 속죄라는 말의 의미를 묵상하곤 한다. 그리고 우리 민족의 화해를 위해, 진정한 용서와 평화를 위해 필요한 것이 참회이자 속죄라는 것도 절실히 느끼곤 한다.

우리 교회의 참회는 전쟁 중 서로 피를 흘리게 했던 잘못을 대속하는 차원에만 국한되지 않는다. 우리 민족의 불행한 과거사에서 행했던 교회의 잘못까지도 참회·속죄해야 한다고 생각한다. 적대와 분열에 직면해 평화를 중재하는 것을 교회의 본질적 사명으로 본다면,[3] 교회 먼저 스스로 화해를 실천해야하기 때문

---

3 「화해와 참회」, 8항.

이다. 이 화해를 위해서는 무엇보다 먼저 참회가 필요하다.[4] 정의와 진리를 위해 목숨까지 바쳤던 자랑스러운 순교자들의 후손인 교회지만, 지나온 민족의 비극적인 과거사 안에서 평화를 제대로 중재하지 못했던 나약한 모습을 성찰할 수 있어야 하겠다는 것이다.

분단과 전쟁에 대한 성찰

우리 민족에 갑작스럽게 찾아온 분단과 전쟁이라는 시련 속에서 교회는 그리스도의 평화에 대한 고민과 평화를 찾으려는 노력이 부족했다. 오랜 박해시대를 거치고, 또 일제 강점기를 막 벗어난 한국 천주교회는 자유롭게 선교와 신앙 활동을 하는 일이 더 중요했기 때문이다.

강대국에 의해 불합리한 이유로 민족의 분단이 진행되고 있을 때, 양심을 가진 수많은 사람들이 정의와 평화를 지키기 위해 싸울 때 우리 교회는 이러한 활동보다 '교회의 평화'를 지키는 일에 더 적극적이었던 측면이 있었다. 당시는 세계 각지에서 공산주의와 가톨릭교회의 대립이 격화되는 상황이었고, 공산화가

---

4 「화해와 참회」, 4항.

진행되는 중국, 그리고 북한지역에서 전해오는 박해 소식은 한국 천주교회가 공산주의를 더 경계하는 이유가 되었다.

반면, 남한에 진주한 미군정이 종교(그리스도교)에 '너그러운' 통치를 베푸는 것을 경험하면서, 한국 천주교회는 '신앙의 자유'를 보장받기 위해서라도 공산주의를 단호히 배격하고 민주주의 정권을 수립해야 한다고 굳게 믿었을 것이다. 교회 지도자들에게도 민족 분단은 안타까운 일이었지만 공산주의에 대항하는 일이 더 긴급한 과제였을 것이다.

한반도에서도 본격적으로 작동하기 시작한 동서 냉전은 결국 한국전쟁으로 이어졌다. 전쟁을 치르면서 한국 교회는, 특히 북한에 있던 교회는 공산주의 세력으로부터 탄압을 받았다. 다수의 성직자들이 북한군에 의해 억류되고 죽음까지 당했던 전쟁 현실은 공산주의 세력에 대한 교회의 증오를 부추기기에 충분했을 것이다.

그러다 2000년 대희년을 맞이하면서 보편교회 차원에서 과거사 반성이 시작되었다. 교황청은 2000년 3월 7일에 「기억과 화해: 교회와 과거의 잘못들」을 발표하면서 과거의 잘못을 고백하고 용서를 청했다.

한국 천주교회 차원에서는 2000년 11월 한국천주교주교회의 임시총회에서 한국 천주교회의 과거사 반성 문건 「쇄신과 화해」

를 확정했고, 이 문건을 대림 제1주일(2000년 12월 3일)에 공식 발표했다.

이 문건은 총 7개 항으로 구성됐는데, 특히 2항과 3항에서 식민지 시대와 해방공간, 전쟁 시기의 과거를 반성하는 내용을 다음과 같이 표현했다. "2항. 우리 교회는 열강의 침략과 일제의 식민 통치로 민족이 고통을 당하던 시기에 교회의 안녕을 보장받고자 정교 분리를 이유로 민족 독립에 앞장서는 신자들을 이해하지 못하고 때로는 제재하기도 하였음을 안타깝게 생각한다. 3항. 우리 교회는 광복 이후 전개된 세계 질서의 재편 과정에서 빚어진 분단 상황의 극복과 민족의 화해와 일치를 위한 노력에 적극적이지 못하고 소홀히 한 점을 반성하고 이 과정에서 생겨난 수많은 사람들의 희생을 마음 아파한다."

한국 근현대사에서 식민지 경험, 동서 냉전의 진행과 전쟁의 체험은 교회가 '용서하는 평화'의 사도라는 역할을 수행하는 데 어려움으로 작용했다. 아마 세계적 차원에서 고조되고 있던 가톨릭과 공산주의와의 갈등이 이 땅에서도 불가피한 것이었을지 모른다. 하지만 교회가 스스로의 안위에 집착하느라 세상의 평화를 더 진지하게 고민하지 못했다는 비판에서 자유로울 수 없다.

평화를 위한 교회의 역할

그리스도께서는 우리를 하느님과 화해시키시며, 우리에게 화해의 직분을 맡기셨다(1코린 5,18). 그리스도인들은 평화의 사도로 부름 받았다. 평화를 이루기 위해 노력할 때 그리스도인들은 하느님 자녀인 자신의 정체성을 찾을 수 있다(마태 5,9 참조).

특히 증오와 두려움이라는 분단 현실을 살아가는 한국교회에 '평화'는 우리에게 주어진 소명이다. 그 평화는 힘을 통해 이루는 현실주의의 평화가 아닌, 사랑을 바탕으로 이루어지는 용서와 화해의 참 평화이다.

한국교회는 이 소명에 충실하기 위해 가장 먼저 평화를 위한 교회의 사명을 자각하고 평화를 교육, 실천하는 일에 앞장서야 한다. 남남 간 이념갈등이 위험수위에 이른 한반도에서는 상대방을 인정하기를 완고하게 거부하는 이들이 많아 평화 교육이 더 절실하기 때문이다.

한국 사회를 지배하고 있는 안보 패러다임을 변화시키기 위해서도 노력해야 한다. 한반도에서는 아직 남북이 적대적 이념으로 무장하고 힘으로 상대방을 제압하려는 안보관이 지배하고 있다. 따라서 이러한 안보 담론의 허상을 폭로하고, 진정한 '인간 안보(human security)'를 추구하는 일이 절실하다. 이를 위해 교회는 평화의 가치를 교육하고, 함께 토론하며, 실천해나가려는 노력을 계속해야 한다.

'평화'라는 주제를 중심으로 우리가 해야 할 일이 무엇인지도 찾을 수 있어야 한다. 북한을 다르게 바라보는 데서 생기는 갈등에서 벗어나, 한반도에서 필요한 평화의 가치를 교육하고, 토론하고, 실천하는 시간을 교회가 주도적으로 마련해나가야 한다. 몇몇 교구에서 실천하는 민족화해학교나 주교회의에서 결정하여 사목회 구조 안에 설치하기로 한 민족화해분과의 역할이 중요한 이유이다.

전문가들은 한반도의 분단이 민족 문제이면서 동시에 주변 열강들의 이해관계가 얽힌 국제 문제임을 지적해왔다. 정전 이후 64년 동안 남북과 주변 열강은 분단 상황을 정치적으로 활용해왔다. 따라서 이해관계를 떠나 모두가 공유할 수 있는 가치를 찾아 연대하는 일이 무엇보다 중요하다. 복잡하게 얽힌 상황에서 모두가 공유할 수 있는 가치를 찾아 연대하는 일이 무엇보다 중요하다. 평화라는 보편적 가치가 이해 당사국들의 입장에 따라 주관적으로 해석되지 않도록 국제적인 관심과 연대를 구축해 나갈 수 있어야 한다.

현대사회에서 평화는 한반도에 국한된 문제가 아니라 전 세계적으로 관심을 갖고 지켜야할 소중한 가치이다. 현재 지구촌 수많은 곳에서 벌어지는 갈등과 분쟁의 현실은 한 지역의 상처와 고통을 넘어 지구촌 전체의 안전에 위협이 되고 있다. 일정 지역에 국한된 국지적 평화가 아닌 인류 공동체가 전체적이며 항구적인 평화를 이루기 위해 힘을 모으는 것이 필요하다.

가톨릭교회는 국제사회에 평화 연대를 촉구하고 실행할 수 있는 가장 강력한 기반을 지녔다. 따라서 인류의 평화를 호소하시는 교황님을 중심으로 국제 연대를 이루어 나가려 노력하는 것이 중요하다. 특히 이 세계에서 가장 첨예한 분쟁지역 가운데 하나인 한반도에서 평화를 활발히 논의하고 촉진하는 일에 관심을 갖는 것이 필요하다. 게다가 한국 교회는 보편교회를 기반으로 분단의 땅 한반도가 평화의 발신지가 될 수 있도록 적극적인 역할을 담당해야 할 책임이 있다. 그래야 평화를 중심으로 이루어지는 강력한 연대가 한반도를 둘러싼 각 국, 각 정파의 이해관계를 넘어설 수 있다.

마지막으로, 신앙과 인도주의적 사랑 실천은 국경과 이념을 뛰어넘는 고귀한 가치이다. 이런 면에서 우리 교회는 북한에 대한 인도적 지원과 종교적 교류, 그리고 상호 대화 노력을 끊임없이 해나가야 한다. 이는 주님께서 우리에게 주신 계명 즉 '서로 사랑하라.(요한 15,12)'와 '세상 모든 곳에 복음을 전하라.(마르 16,15)'는 사명과 밀접하게 연결돼있다. 또한 민간과 종교 차원의 교류와 협력은 갈라진 민족의 통합이라는 차원에서 볼 때, 통일 시대를 대비한 중요한 기반 형성 노력이다.

나가는 말

북한의 핵무기 성능이 고도화되고, 장거리 미사일 개발 속도가 가속화되면서 한반도에서 군사적 긴장이 높아지는 현 상황은 남북만의 갈등이 아니라 주변 강대국들의 충돌로도 이어지고 있다. 이렇게 높아가는 위기 속에서 평화를 위한 사명을 지닌 우리 교회는 분쟁 위험을 극복할 새로운 기회를 찾아야 한다. 또한 교회는 현재 한반도를 둘러싼 대외 환경이나 우리 내부에서 이루어지는 심각한 갈등상황에 대해서도 자신의 목소리를 분명히 낼 필요가 있다. 분단의 땅 한반도가 분쟁의 상징이 아닌 평화의 발신지로 자리매김할 수 있도록 우리가 주도적인 역할을 담당해야 하겠다.

전 세계에서 가장 위험한 이 땅에서 평화를 활발히 논의하고,

이곳을 평화를 체험할 수 있는 공간으로 만들기 위해 노력한다면 한반도는 더 이상 분쟁과 적대의 상징이 아니라 대화와 협력의 모델이 될 수 있을 것이다. 당연히 이러한 평화 노력들은 동북아시아와 세계 평화에 큰 보탬이 될 것이다. 관련 당사국 교회는 물론 평화를 사랑하는 모든 이들의 대화의 장이 자주 열리게 되길 소망한다.

"행복하여라, 평화를 이루는 사람들! 그들은 하느님의 자녀라 불릴 것이다(마태 5,9)."

제 1 부

가톨릭과 한반도 평화

평화와 군축

앙트완 아비 가넴 신부
전 교황청 제네바 UN 대표부 참사관

우선 이 어려운 지역적 국제적 상황에서 이토록 중요한 회의에 저를 초대해주신 여러분과 이 회의 주최 측에 감사드린다.[1] 교회가 자신의 신앙, 가르침과 많은 신자들의 투신으로 이 세상에 육화하고자 할 때, 교회는 권리 뿐 아니라 교회가 살아가는 세상의 걱정과 희망을 나눌 의무도 있다. 각 사람과 인류 전체를 위해 교회가 가져야 하는 관심은 교황청이 자체의 외교행위 틀 안에서, 그리고 국제적 차원에서 지켜야 할 유일한 원칙이다. 피에트로 파롤린Pietro Parolin 추기경은 이 점에 대해 다음과 같이

---

[1] 나는 이 회의에 개인 자격으로 참가하고 있다. 따라서 이 원고 내용이 교황청의 입장을 대변하고 있지 않다. 이 점 양해를 부탁드린다.

말한 바 있다. "…교회는 지키거나 추구할 상업적, 군사적 혹은 정치적 이해관계가 없는 까닭에 각 사람과 모든 사람의 이익에 봉사한다. 이렇게 교회는 인류 가족 전체의 공동선에 봉사하는 자리에 서는 것이다."[2]

한반도라는 현실적 맥락에서 평화와 군축의 관계에 대해 말씀드리고자 한다.[3]

평화에 대한 갈망은 사람의 마음속 깊숙이에 자리 잡고 있다. 그리스도인은 이 갈망의 원천을 같은, 그리고 고유한 인간 가족을 이루는 모든 구성원을 지으신 창조주 하느님 안에서 찾을 수 있다. 평화는 우리 공통의 목표이다. 또한 평화는 공정하고 모든 이가 공유하고 있는 인간 존엄성을 존중하는 형제애가 넘치는

---

2 교황청 국무성 장관 피에트로 파롤린 추기경의 발표문. 「국제사회의 일원인 교황청」, 빌라 리차드슨(교황청 주재 미 대사관), 로마(2017년 9월 22일).

3 이 주제에 대하여는 가톨릭교회의 사회적 가르침에서 많이 다뤄졌다. 이 발표와 가장 밀접한 관련이 있는 문헌들은 다음과 같다. 성 요한 23세의 회칙 『지상의 평화』, 바오로 6세 교황의 회칙 『민족들의 발전』, 제2차 바티칸공의회의 『현대 세계안의 교회의 사목헌장』, 바오로 6세 교황의 "군축에 관한 UN 특별회의 메시지"(1968년 6월 6일), 성 요한 바오로 2세의 "군축에 관한 UN 제3차 특별회의메시지"(1982년 6월 7일), "제4차 특별회의 메시지"(1988년 5월 31일), 프란치스코 교황의 "핵무기의 인도주의적 영향에 관한 회의 의장에게 보내는 메시지"(바티칸, 2014년 12월 7일). 바오로 6세 교황 때부터 발표하기 시작한 교황의 '세계 평화의 날 메시지' 등이 특히 밀접한 관계가 있다.

사회를 건설하는데 필수 조건이다. 프란치스코 교황은 평화의 기초를 다음과 같이 몇 마디로 요약한다. "평화에 대한 갈망은 군사적 수단만으로는 결코 충족되지 않습니다. 핵무기와 다른 대량 살상 무기들을 훨씬 더 줄여야 합니다.…평화는 정의, 사회 경제 개발, 자유, 인간의 기본권 존중, 공공 활동에 모든 이의 참여, 사람들 사이의 신뢰 구축이 기초가 되어야 합니다."[4]

이러한 확신에 바탕을 두고 교회의 의무와 역할을 인식하면서, 교황청은 제2차 세계대전이 끝날 때 전쟁의 악몽에서 막 벗어나고 있는 세계의 물질적 영적 재건에 필수불가결한 평화의 기초를 놓기 위해 설립된 국제 공동체에 가입하기로 결정하였다. 이 국제기구를 위해, 그리고 모든 국가들에게 강력한 신호를 보내기 위해 교황청은 거의 모든 조약들과 군축협정과 군비축소에 관련된 규약(規約)에 서명, 비준(批准)하였고, 여러 요구에도 응하였다. 관련 무기는 대량살상 무기, 화생방 무기에서 시작해 대인 지뢰, 집속탄, 경화기(輕火器)에 이르기까지 다양하였다. 교황청은 군축이라는 대의(大義)를 실현하기 위해 능동적인 행위자이자 협력자 역할을 자임해왔다. 물론 군축은 그 자체가 목적

---

[4] 프란치스코 교황, "핵무기의 인도주의적 영향에 관한 회의 의장에게 보내는 메시지"(바티칸), 2014년 12월 7일.

이 아니고 평화를 가능하게 하는 여러 조건들 가운데 하나일 뿐이다. 이 영역에서 교회가 한 역할에는 오랜 역사가 있다. 이 회의의 주제는 아니지만 정당한 전쟁론에 기대지 않기 위해 정당한 전쟁론이 전쟁을 정당화하는 것이 아니라 오히려 전쟁을 더 어렵게 만드는 것이어야 함을 기억할 필요가 있다. 정당한 전쟁론은 갈등이 일어나기 전, 갈등 중에, 그리고 갈등이 종결된 뒤에 평화의 기회를 마련하기 위해 고안된 것이다. 능동적으로 군축에 참여할 때, 교황청은 단지 평화를 요청하는 정도로 만족하지 않는다. 오히려 강한 확신, 회복력, 그리고 무엇보다 모든 이와 함께 일하려는 의지를 요구하는 복잡하고 오랜 여정에 이르는 일상적인 활동에 구체적으로 함께 하고자 한다. 우리는 인류 가족 가운데 그 누구도 배제하지 않는 모든 구성원들의 공동선을 실현하고자 한다.

피에트로 파롤린 추기경은 이 점에 대해 다음과 같이 말한다. "갈등을 예방하는데 초점을 맞추는 단순한 평화를 넘어서는 문제들에 주의를 기울임으로써 증거 할 수 있습니다. 이 점에서 우리는 '평화의 인간 요인human factor'에 대해 말할 수 있습니다. 이 인간 요인에는 먼저 평화를 건설할 수 있는 인간의 역할을 고려하는 일은 물론, 평화를 위협하고, 심지어 무기와 폭력에 호소함으로써 평화를 거부하는 일도 포함됩니다. 이 점에서 우리의 책임과 의무에 따라 전쟁을 종식시키고 무엇보다 전쟁을 예방하는 일에서 우리가 할 수 있는 역할이 분명해집니다. 가능한 모든 수단을 다 동원하여 정의에서 화해로, 군사비 감축에서 군축으로 이어지게 하는 역할 말입니다."[5]

일예로 교황청은 유럽역사에서 제2차 세계대전 이후 증오와 비인간적이고 어리석은 전쟁의 결과로 황폐해진 대륙에 평화를 건설하는 데 초석이 된 화해와 협력을 실현한 다수의 저명한 인물들(상당수가 그리스도인들이거나 적어도 그리스도교 정신에 영향을 받은 이들)의 노력과 솔선에 함께 하였다. 교회들과 많은 종교인들이 이 노력에 참여하였고, 어떤 때는 그들이 선구자 역할을 하였다. 화해가 이뤄진 뒤에야 군축과 군축 협정이 가능했다. 이런 조치들이 신뢰를 구축하는데 기여하였고, 화해와 궁극적으로 지속 가능한 평화를 보장하는 것을 도왔다. 화해와 군축은 서로를 강화시켜 준다.

불행히도 냉전으로 이 논리는 더 발전하지 못했다. 그래서 세계는 다시 군비 경쟁에 돌입하였고, 수십 년 동안 서로를 불신해

---

5 교황청 국무성 장관 피에트로 파롤린 추기경의 발표문. 「국제사회의 일원인 교황청」, 빌라 리차드슨(교황청 주재 미 대사관), 로마(2017년 9월 22일), 3쪽.

왔다. 한반도의 현 상황은 지난 20세기의 군사적 이데올로기적 갈등의 유산이다. 제2차 세계대전과 그 이후에 일어난 여러 갈등들로 이 지역에 있는 국가들과 이 지역에 사는 이들이 '공포의 균형', 군사력, 불신과 군비 경쟁에 기울어 평화를 재건하는 화해의 길을 찾지 못하게 된 점은 유감이다. 소련 붕괴 후 짧은 기간 동안 낙관론이 지배하기도 했다. 산업, 경제, 금융의 지구화에 희망을 걸었지만 결국 많은 나라들과 사람들은 이내 실망하고 말았다. 우리는 형제애의 지구화, 모든 이를 위한 통합적 발전, 정의로운 평화 대신, 프란치스코 교황이 가리켰던 무관심의 세계화, 불의한 사태의 급증, 과거 갈등으로의 회귀와 새로운 갈등을 야기할 뿐인 과도한 군사비 지출의 폭발적 증가를 곧 바로 목격하게 되었다.

사람, 가족들과 국가들을 파괴하는 많은 갈등들로 가득한 세계의 현실을 쉽게 확인할 수 있다. 만성적이고, 종속시키며, 잊혀진 이러한 갈등들이 발전을 가로막고, 수백만 명의 사람들을 망명길로 내몰며, 이주(移駐)를 강요하고, 젊은이들의 꿈을 여러 세대 동안 박탈하여, 약물, 알코올, 또는 급진화의 길, 그리고 파괴적 폭력에 호소하게 만든다.

그러나 평화는 모든 사람의 마음 속 깊숙이에 내재한 심오한 감정이다. 이 갈망이 전쟁이 없는 상태로 넘어가게 도와줄 것이다. 평화든 전쟁이든 같은 존엄성으로 창조되었고, 같은 행복을 바라는 인간의 마음에서 시작된다. 인간은 평화나 폭력을 선택할 자유를 가지고 있다.

역사에서 보면 인간은 종종 힘의 유혹에 넘어 갔고, 무력이 지배하는 세계 질서에 호소하기도 했다. 이러한 환상 탓에 과거 너무 큰 대가를 치렀다. 현대 세계의 비극에서도 이 환상이 계속 이어지는 것을 볼 수 있다. 군사비 지출액수가 이 망상의 정도를 잘 보여주고 있다. 2016년 전 세계는 군사적 목적으로 1조 7천억 달러를 지출하였다. 인도주의적 지원에 할당되는 적은 액수와 비교할 때 이 어마어마한 비용은 국가들이 평화와 존엄을 유지하며 살아가는 것을 충분히 보장할 수 있을 정도이다.

중동, 북아프리카, 사헬, 남아시아, 그리고 특별히 이 회의를 주최하는 한국 상황을 지켜볼 필요가 있다. 과잉 군비는 평화의 바람직한 기초가 될 수 없다. 오히려 역사에서 볼 수 있듯이 군비 경쟁은 항상 무력 갈등, 불안정, 군사 부문의 재정과 인적 자원을 남용하게 만드는 시발점이었다. 그리고 같은 이유로 국경 문제를 악화시켜왔고, 더 잔혹한 소송에 이르게 했으며, 인구 다수의 기본적 욕구를 충족시키는데 필수불가결한 자금들을 유용하게 만들었다. 이 모든 요소들이 새로운 갈등을 출현시키고, 온존하던 갈등을 지속시키며, 이웃들 간에 평화를 불가능하게 만드는 원인이 되었다. 훨씬 더 심각한 점은 강대국들이 국제 질서를 불안정하게 만들고, 주민들의 실질적인 문제(교육, 보건, 주거, 기아, 환경 등)로부터 국제 공동체의 시선을 다른 데 돌리게 만드는 매우 정교하고 치명적인 무기들의 생산, 현대화, 그리고 이전(移轉)에 몰두하고 있다는 사실이다.

이러한 맥락에서, 그리고 그 가운데서도 군축으로 평화에 투신하는 일에 교황청은 반복적으로 평화로운 세계 질서 건설을 위해 세 가지 단순하지만 중요한 선언을 강조해왔다.

무기로는 인간 안보를 보장할 수 없다. 평화로만 가능하다. 로마 속담 '평화를 바라거든 전쟁을 준비하라'는 말은 실제와 맞지 않는다. 제1차 세계대전과 제2차 세계대전 이전 그리고 이 두 전쟁 기간 동안 생산하고 축적한 상당량의 무기들은 증오와 갈등만을 부추겼기 때문이다. 사람들이 무기를 신뢰하고, 그 무기들로 문제를 신속히 해결할 수 있다고 생각할 때, 갈등을 일으키고 전쟁을 치르려는 유혹에 빠질 가능성은 더 높아진다. 군비 과잉, 대량 파괴무기들에서 공포와 불신의 논리를 확인할 수 있다. 공포와 불신의 논리는 무슨 수를 쓰더라도 안전의 토대가 될 수 없다. 평화로만 가능하다.

평화로운 세계 질서는 신뢰와 대화를 가능케 하는 책임에 바탕을 둔 윤리로만 가능하다. 한반도의 핵위기 상황에 프란치스코 교황이 2014년에 하신 말씀이 잘 들어맞는다. "핵 억지 전략과 상호확증파괴는 형제애, 사람과 국가들 사이의 평화로운 공존 윤리의 기초가 될 수 없습니다. 오늘날과 미래의 젊은이들은 더 누릴 자격이 있습니다. 그들은 인류 가족의 일치에 바탕을 둔 존중, 협력, 연대와 연민에 근거를 둔 평화로운 세계 질서를 누릴 자격이 있습니다. 지금은 책임 윤리로 공포의 논리와 맞서야 할 때입니다. 그래서 신뢰와 진지한 대화의 풍토를 조성할 필요가 있습니다."[6] 영원한 평화와 안전을 원한다면, 그에 이르는 바른 길과 수단을 택하는 것이 중요하다. "힘과 힘의 불안한 균형으로 전쟁을 피하는 것이 평화라고는 할 수 없습니다. 평화는 하느님이 원하시는 질서, 더욱 완전한 정의를 인간 사이에 꽃피게 하는 질서를 따라 하루하루 노력함으로써 얻어지는 것입니다."[7]

증오의 말, 파괴의 위협, 고발, 수치를 주는 말은 나쁜 선택 가운데 하나이다. 우리는 역사에서 이러한 유형의 대화가 사람과

---

6   프란치스코 교황, "핵무기의 인도주의적 영향에 관한 회의 의장에게 보내는 메시지"(바티칸, 2014년 12월 7일).

7   『민족들의 발전』, 76항.

사람 사이, 국가와 국가 사이에 폭력과 최악의 갈등을 촉발시켰다는 사실을 확인할 수 있다. 만일 한반도에서 우리가 더 안전하기를 원하고, 평화를 추구하길 바란다면, 이제는 다른 방식으로 말하는 법을 배워야 한다. 차이와 불일치가 존재하긴 하지만 그럼에도 상호 존중이 필요하다. 성 요한 바오로 2세는 이에 대하여 다음과 같이 말씀하신 바 있다. "…제가 미사여구 현상이라 부르려는 것이 있습니다. 피할 수 없는 위험들로 인해 이미 긴장과 걱정이 가득한 곳에 과장된 말 또는 위협하는 구절(句節)이 들어설 자리는 없습니다. 말하는 방식에서, 격앙되고 간절한 어휘 안에서, 은폐된 위협과 겁을 주기 위한 전술들(tactics)에서 드러나는 방종은 냉철하고 진지하게 숙고해야 할 문제를 악화시킬 뿐입니다."[8]

무기로는 안정적인 국제 질서 또는 지역 질서 구축을 촉진할 수 없다. 비슷한 힘을 가진 국가들 사이에는 공포와 불신이 지배하고, 현상을 유지하기 위해 그리고 이 보다 더 한 것은 일시적일 뿐인 이익을 유지하기 위해 군사비를 지출하고픈 압력을 받는다. 더 많은 무기와 더 치명적인 기술들을 추구하는 이 영속적인 경쟁은 안정과는 어울리지 않는다. 베네딕도 16세 교황은 군

---

8 성 요한 바오로 2세, "군축에 관한 UN 제3차 특별회의 메시지(1982년 6월 7일)", 7항.

축과 불안정의 관계를 다음과 같이 요약하였다. "지나친 군비 지출의 증가는 무기 경쟁을 가속화하고 저개발과 절망의 고립 지역을 만들어 낼 위험이 있어서, 역설적으로 불안과 긴장과 갈등을 불러일으킬 수 있습니다. 저의 존경하는 선임 교황 바오로 6세께서 현명하게 지적하셨듯이, '발전은 평화의 새로운 이름이다.' 따라서 각국은 흔히 불의에서 비롯되는 분쟁의 근본 이유들에 대해 진지하게 성찰하고 과감한 자기비판을 하도록 요청받고 있습니다. 국제 관계의 개선을 위해서는 군비 지출을 줄이는 일에 동의해야 합니다. 그렇게 해서 절약한 자원을 가장 가난하고 도움이 필요한 개인과 민족들을 돕는 발전 계획을 위해 사용할 수 있어야 합니다. 이러한 노력이 인류 가족의 평화를 위한 노력이 될 수 있습니다."[9]

갈등으로 이어질 가능성이 높은 위험 요소들이 여전히 많이 남아 있다. 힘과 무력들 간의 불균형, 불안정이 뚜렷하게 드러나 있다. 힘이 약한 나라들은 항상 더 강한 나라들의 지배로부터 자신을 지킬 방도를 찾거나, 비용을 들여 이에 대응하려 한다. 패권에 대항하는 방법들과 불의로 인식되는 것들이 많다. 테러가 이런 양상을 띨 수 있다. 무기체계를 지속적으로 정교화 하는 상황에서, 사람들은 단기적으로는 이익을 취할 수 있을 것이라 생

---

9 베네딕도 16세 교황, 「2009년 세계 평화의 날 메시지」, 6항.

각하는 '이윤의 환상'을 품을 수 있다. 실제로 이 방식은 거의 대부분 확산을 조장할 뿐이다. 그리고 이러한 군비 경쟁은 불신을 가중시킬 뿐이다. 대량 파괴무기 또는 혁신적인 무기 체계와 같은 억지력이 지정학적 안정성을 뒷받침해줄 것이라는 믿음은 환상에 불과하다. 실제로, 훨씬 더 치명적인 무기를 얻기 위한 경쟁은 사악한 자살의 악순환을 조장할 뿐이다. 불안정이 군비 경쟁을 조장하고, 군비 경쟁은 불안정을 가중시킬 뿐이다. 지금 우리의 세계는 이 맥락에서 어느 정도 그런 것 같아 보인다.

성 요한 23세께서 일찍이 1963년에 핵무기로 인해 빚어진 불안정과 자기 파괴의 위험의 소용돌이를 군비 경쟁의 원인이라 주장하신 것과 매우 유사해 충격을 받으실 것이다. '군축이 필요하다'가 논리적 결론이 될 것이다. 이렇게 할 수 있는 유일한 길은 대화와 협력이다.[10] 성 요한 23세께서는 비오 12세 교황의 다음 말씀을 인용하셨다. "평화로 잃을 것은 아무 것도 없다. 그러나 전쟁으로는 모든 것을 잃을 수 있다."[11]

군축과 발전은 동전의 양면이다. 바오로 6세 교황님은 이러한 현

---

10 요한 23세 교황, 『지상의 평화』, 109~29항 참조.
11 비오 12세 교황, 「라디오 메시지」(1939년 8월 24일), AAS 31(1939), 334.

실을 다음과 같이 한 문장으로 표현하셨다. "발전은 평화의 다른 이름입니다."[12] 이로부터 몇 년 뒤 UN은 군축과 발전이 연계돼있는 것임을 인식하게 된다. 성 요한 바오로 2세께서는 이를 다음과 같이 정리하신다. "과거에 그랬던 것처럼, 오늘날도 저는 평화와 발전이라는 두 가지 주제를 강조하고 싶습니다. 이 둘은 서로 연결돼있고, 오늘날의 젊은이들에게 내일 더 나은 세상을 물려주려면 둘을 함께 고려해야 합니다." 성 요한 바오로 2세께서는 계속 이어 가신다. "누군가를 평화를 건설하는 사람이 되게 하는 일에 투신하게 만드는 동일한 가치들이 모든 인간과 모든 백성의 통합적 발전을 도모하게 만드는 가치도 될 것입니다."[13]

회칙 『민족들의 발전』에서 바오로 6세 교황은 군축과 발전의 관계를 강조하셨다. 과도한 군사비 지출은 여러 나라와 사회의 충만한 인간적 발전을 위해 사용되어야 할 재정적, 경제적, 인적 자원을 낭비하게 만든다. 이토록 많은 자원들의 전용(轉用)은 특히 가장 가난한 이들에게 충격을 준다. 이는 베네딕토 16세 교황님이 상기시키신 UN 헌장의 정신에 위배된다. "이는 국제 공동체와 국가들이 '세계의 인적 경제적 자원을 군비에 최소한 만 전용함으로써 국제 평화와 안보의 확립과 유지를 촉진'(26항)하는

---

12 바오로 6세 교황, 『민족들의 발전』, 87항.
13 요한 바오로 2세 교황, 「1985 세계 평화의 날 메시지」, 8항.

데 참여하도록 한 국제 연합 헌장(Charter of the United Nations)의 내용에 반대됩니다."[14] 이는 개발도상국이나 경제적 선진국이나 마찬가지로 사회의 가장 가난하고 주변화 된 부분에 영향을 준다.

프란치스코 교황은 핵무기에 대하여 특별한 방식으로 다음과 같이 말씀하셨다. 그러나 이 말씀은 모든 무기에 다 해당된다. "핵무기에 돈을 쓰는 일은 국가의 부를 낭비하는 일입니다. 그러한 비용지출에 높은 우선순위를 두는 것은 실수이고, 통합적인 인간 발전, 교육, 보건, 그리고 극심한 빈곤 퇴치와 같이 더 좋은 영역에 투자할 수 있는 자원들을 잘못 배분하는 것입니다. 이 자원들이 낭비되면, 사회 변두리에 사는 가난한 사람과 허약한 사람들이 대신 비용을 지불하게 됩니다."[15]

결론

한반도의 현재적 맥락에서 특히 제2차 세계대전 이후의 이 지

---

14   베네딕토 16세 교황,「2009년 세계 평화의 날 메시지」, 6항.
15   프란치스코 교황, "핵무기의 인도주의적 영향에 관한 회의 의장에게 보내는 메시지"(바티칸. 2014년 12월 7일).

역의 역사를 고려할 때, 그리고 평화, 군축, 그리고 발전 영역에 대한 교회의 사회적 가르침의 맥락에서 가톨릭교회가 이 지역에 있는 나라들에서 무엇을 할 수 있을까?

소수자, 교회, 그리고 그리스도인들도 과거 그리고 현재의 역사 안에 내재된 깊은 상처들을 치유하고, 다른 사람들의 민족적 기억들을 정화시킬 지속적인 화해, 상호 용서를 위한 조건을 만드는데 기여해야 한다. 이 접근법이 긴장을 완화하는데, 그리고 평화를 재건하는데 이르러야 하는 대화를 향한 첫 번째 단계가 될 것이다. 화해와 새로워진 신뢰가 군사비 지출을 줄이고, 모든 인간 인격과 모든 국가의 전인적 발전을 위한 투자를 늘리는 데 기여할 것이다. 『사목헌장』, 『지상의 평화』 또는 『민족들의 발전』에서 가르치는 사회교리는 가톨릭 신자 특히 평신도들에게 선한 의지를 가진 모든 이들과 협력하여 '연대와 형제애'가 군비 경쟁과 분쟁 해결을 위해 힘을 사용하여, 위협하려는 행위를 대체하는 사회의 도래를 촉진하는 이 길에 참여하도록 독려한다.

더 일반적인 맥락에서 이 지역의 가톨릭 신자들은 평화를 위해 복무하는 군축 영역에서 시민사회, 많은 나라들과 국제기구, 국제 적십자사의 노력들을 지원할 수 있고, 또 지원해야 한다. 교황청은 이 지역에서 제네바, 뉴욕, 비엔나와 기타 다른 곳에서 양자(兩者) 또는 다자적 맥락에서 충분히 관심을 갖고 있고 또 실제 관여하고 있다. 이러한 유형의 투신은 이제 인류가 직면한 큰 위기들, 그리고 대부분의 양자(兩者)적, 지역과 다자적 군축 메커니즘이 교착상태에 있기에 그 어느 때보다 더 절실하다. 지구화된 세계에서 국제 협력은 모든 영역(경제, 재정, 안보, 군사, 과학, 개발 등)에서 국가들 간 상호 의존성이 높아 가는 점에 비춰 볼 때 필수불가결하다. 평화와 안정은 훨씬 더 분리하기 어려운 문제이다. 다른 사람이 있어야 그리고, 다른 사람을 적대하지 않아야 누구나 평화롭게 살 수 있다. 평화롭게 살기 위해 이성적이고 연민에 기초한 선택을 하게 만드는 것이 우리의 의무이다. 이기심과 폭력을 선택하면 안 된다.

한반도의 평화통일: 도전과 기회

박한식 교수
조지아대학교 명예교수

오늘날 세계에는 다양한 정치 체제 간에 정당한 관계를 유지시키는 질서가 존재하지 않는다. 지구상에서 인간이 집단생활을 하게 되면서 자연스럽게 형성된 세계질서는 사회 규범과 가치들이 인간관계에서 합당한 질서로 기능했던 부족 공동체 질서와 함께 시작되었다. 이러한 규범과 가치는 문화와 문명들에서 나온 것이다. 종교와 문명 생활에서 전형적으로 발견되는 질서들이 여기에 해당한다. 유다-그리스도교, 불교, 이슬람, 힌두교, 그리고 유교와 같은 서로 다르고 대비되는 문명들은 세계의 다양한 인구 집단들이 설정한 공동체 규범, 가치, 믿음, 그리고 윤리적 지침들 위에 형성된 세계 질서의 근간(根幹)이었다. 이러한 관행들은 중세와 근대 초까지 이어졌다. 중세와 달리 근대는 마키아벨리 이론에서 볼 수 있는 것처럼 영적인 마음보다 군사력과 물리적 힘이 지배했다. 이것이 식민주의의 등장 배경이었다. 세계질서는 물리적 지배를 규범으로 하는 군사주의에 의해 형성, 유지되었다. 세계는 두 번의 세계대전을 포함한 큰 규모의 전쟁을 치러야 했다. 제2차 세계대전에서 승리한 두 나라가 이념과 삶의 방식을 달리하는 패권국이 되었다. 미국과 미국의 동맹국들이 제1세계 블록을 형성하였고, 소련도 이에 대응하여 제2세계 블록을 형성하면서 양극적 세계질서가 구축되었다. 제1세계와 제2세계 틈에 낀 세계정치체제의 나머지 부류들이 제3세계가 되었다. 이 양극적 세계질서가 소위 '냉전' 체제를 형성했다. 그러나 제3세계는 두 패권국의 먹잇감이 되고 말았다. 두 패권국은 재빨리 대규모 군비경쟁에 뛰어들었다. 그에 따라 수많은 대량살상무기 특히, 핵무기가 축적되었다.

    이러한 무기들이 대량 생산되면서 두 패권국에는 치명적인 무기들로 포화상태가 되었다. 인도, 파키스탄, 이스라엘, 남아프리카공화국, 이라크, 리비아 그리고 북한 등 두 패권국들보다 힘이 없는 나라들은 핵보유국이 되고 싶은 불타는 욕망을 갖게 되었다. 이처럼 한반도는 세계 권력구조의 불안정한 지형위에 자리하고 있다.

1. 양립 불가능한 두 체제로의 진행

개인과 마찬가지로, 정치 체제도 역사적 맥락의 산물이다. 한국에서 상호 대립적이고 양립 불가능한 체제의 등장에 결정적인 영향을 행사한 역사적 맥락은 다음과 같다.

1.1 일제 식민주의(1910~1945년)

북한이 역사적으로 출발하게 된 계기는 1945년 일본에 투하된 원자폭탄으로 일본 식민제국이 항복한 것이다. 김일성이 젊은 시절 중국에서 유격전을 수행할 당시, 그와 그의 무리들은 일본의 강한 군사력에 압도당했다. 김일성은 그런 일본제국이 히로시마와 나가사키에 생긴 두 개의 버섯구름 때문에 갑자기 항복하는 데 놀랐다. 그와 그의 추종자들은 독립 주권국가의 지위를 얻고 이를 유지할 수 있는 가장 좋은 방법이 핵무기를 획득하는 것이라 결론지었다. 휴전협정 체결과 함께 한국전쟁이 끝나자마자, 김일성은 1950년대 후반 자신의 권력기반을 공고히 했다. 그 후 재빨리 많은 북한 과학자들을 러시아에 파견하고, 러시아 과학자들을 평양으로 불러들여 핵무기 개발을 시작하였다. 그렇게 해서 그들은 핵폭탄을 만들 수 있는 북한 토종 핵과학과 핵기술을 개발할 수 있었다.

1.2 민족 분단(1948년)

한국은 하나의 민족, 하나의 언어뿐 아니라 수천 년 역사와 문화유산을 공유한 동질성이 높은 나라였다. 하지만 38선을 경계로 이뤄진 분단과 곧 바로 이어진 수십 년간의 미소 두 강대국의 '이념과 패권' 갈등으로 두 개의 상반된 한국 체제가 형성되었다. 이에 대하여는 뒤에서 더 논의할 것이다. 민족 분단은 주로 국제 세력정치(power politics)의 역학이 변화된 데서 비롯되었다.

1.3 한국전쟁 (1950~1953과 그 이후에서 현재까지)

한국전쟁을 단순히 한국 사람들끼리, 즉 서로 다른 파벌이 일으킨 내전이라 보아선 안 된다. 54,000명 이상이 전사한 미국을 포함, 남한 쪽으로 참전한 열다섯 개 나라 군인들과 남북 양쪽의 수많은 사람들이 죽었기 때문이다.

한국전쟁 중 북한, 특히 평양은 미국의 공중 폭격으로 철저히 파괴되었다. 평양은 폭격으로 거의 평지가 되었고 거의 전부에 해당하는 약 2백만 명의 평양 주민들이 사라져 버렸다! 이처럼 철저한 파괴를 경험하면서 북한 지도자들은 벙커버스터로도 뚫을 수 없는 지하 벙커를 만들어야겠다는 욕구를 갖게 되었다. 그들은 평양에 지하철을 놓을 때, 그 밖의 다른 지역에 깊이가 평균 지하 100미터에 달하는 대피소를 만듦으로써 이를 실현하였다.

한국전쟁으로 남북을 합쳐 직계 가족을 잃은 이산가족이 일천만 명에 가까웠다. 1950년 6월에 발발한 이 전쟁은 아직도 끝나지 않았다. 휴전협정 자체가 전쟁터에서의 '정전(cease fire)'만을 의미하기 때문이다. 미국은 극도로 좌절했다. 한국 전쟁은 군사적으로 자부심이 강한 그들이 수치스럽게 정전을 해야 하는 첫 번째 전쟁이었기 때문이다. 휴전협정 체제는 냉전기 수십 년간 이어져왔고, 아직도 계속되고 있다.

1.4 냉전과 지구적 양극 체제의 영향

냉전은 제 2차 세계대전 이후 양극체제가 형성되기 전에는 국제정치 사전에서 찾아볼 수 없는 개념이었다. 제2차 세계대전 승전국이었던 미국과 소련은 서로 대립되는 삶의 방식과 가치와 함께 이념적으로 분리되고 서로 합치할 수 없는 체제를 발전시켰다. 세계 양극 체제의 극단에 서서 제로섬 게임인 세계 세력구조 안에서 상대방을 굴복시키고 싶은 강박적 욕구에 사로잡혀 있었다.

1) 이념 양극화(Ideological Polarization)

냉전 정치학을 자본주의민주주의와 사회주의공산주의라는 두 대립되는 이념 체계로 표현할 수 있다. 1945년 제2차 세계 대전을 종결하고, 일본의 항복을 이끌어내기 위해 핵폭탄을 사용한 미국은 민주주의 블록에서 지도자 역할을 수행하게 되었다. 마찬가지로 또 다른 주요 승전국이었던 소련은 중국과 동독을 포함한 동유럽 국가들 같은 사회주의 국가들에 영향력을 행사했다. 냉전 체제에서 이 두 이데올로기 블록은 미국과 소련이라는 두 패권국가의 통제와 영향아래 있게 되었다. 한반도에 부과된 두 개의 신념체계, 가치, 그리고 규범들로 인해 매우 대조적인 삶의 방식이 자리 잡게 되었다. 이 두 체제는 대립하는 냉전 체제 두 블록의 첨병이 되었고, 조선민주주의인민공화국과 대한민국은 그 결과 양립할 수 없는 극단으로 치닫게 되었다.

2) 안보 강박(Security Obsession)

냉전 시기 미국과 소련 사이에 또 다른 큰 전쟁을 피할 수 있게 한 핵심 사안이 '상호확증파괴'(Mutually Assured Destruction)라는 새로운 개념이었다. 이 개념은 양측이 확보한 무기가 상당량에 이를 때, 상대방의 보복 공격으로 인한 파괴에 대한 두려움 때문에 선제공격을 못하게 된다는 내용이다. 이러한 상호파괴에 대한 두려움으로 모든 행위자는 군비확장 경쟁을 위해 자원과 에너지를 축적한다. 양측이 보유한 핵무기를 포함, 파괴적 무기들의 양이 비상식적일 정도로 많다. 수십 년간 이어진 냉전 동안 미국과 소련이 축적한 핵무기 숫자는 몇 백이 아니라 수만이었다. 두 블록에 속한 나라들은 국가안보와 생존을 각각 미국과 소련에 완전히 의지함으로써 사실상 두 패권국가의 식민지가 되었다.

한국전쟁과 1953년 휴전협정 이후, 남한은 문화 종교 영역에서 경제, 사회, 정치, 안보 활동 영역에 이르기까지 삶의 모든 영역에서 전적으로 미국에 의지하였고 또 영향을 받았다. 이로 인해 사람들은 한국이 단지 미국의 복사판에 불과한 게 아닌가 하는 의문을 갖는다.

반면 북한은 소련의 모든 것을 모방할 수도 없었고, 그리 하지도 않았다. 정치 이념과 문화적 가치의 관점에서 매우 동질성이 높았던 미국이 주도하는 자본주의 블록과 달리, 공산주의 블록은 패권국 지위를 놓고 소련과 경쟁 관계에 있던 주요 세력으로 중화인민공화국의 부상(浮上)에 대처해야 했기 때문이다. 1960년대 중반까지 제2세계(the Second World)에서는 소련과 중국의 영토 분쟁과 긴장 상태가 첨예해졌다. 북한의 김일성은 강한 공산주의 이웃들 가운데 어느 한편에 설 수 없었다. 대신 김일성은 '주체'(SelfReliance, 自助)라는 중립 노선을 추구했다. 이러한 역사적 맥락에서 두 개의 한국 사이에 존재하는 '대립적인 생활 패턴'을 이해할 수 있다.

3) 문화와 경제의 군사화(Militarization of Culture and Economy)

남한과 북한 두 체제는 군사주의로 더 첨예하게 대립하게 된다. 남북 양쪽은 사회화와 교육영역에서 항상 국민에게 강력한 군사 문화를 주입시키려 골몰했다. 양 체제 모두 군수산업이 경제 체제의 주축이었다. 북한이 군수산업을 발전시켜 외자(外資) 유치의 주요 수단으로 활용했다는 것은 잘 알려진 사실이다. 반면 남한은 미국의 군사력에 상당 부분 의지했다. 1976년에 시작된 미국과 한국의 합동훈련은 매년 신무기 개발을 위해 천문학적 재원을 투자해왔다. 최근 한국은 미국산 무기 10대 수입국에 들었다. 남한의 역대 모든 정부는 북한에 대한 방어를 명분으로 이러한 군사력 증강을 정당화하기 위해 노력해왔다.

4) 군산복합체(Military Industrial Complex, MIC)

1961년 미국 의회에서 열린 대통령 퇴임식에서 드와잇 아이젠하워(Dwight Eisenhower)가 연설 중에 경고한 이후 군사적 야망과 산업적 이해관계의 결탁은 서로 나뉠 수 없을 뿐 아니라 광범위하게 확대되어 왔다. 미국 항공 산업에서 볼 수 있듯이, 폭격기 같은 정밀한 항공기들은 대부분 방산 업체들이 생산한다. 납세자들이 내는 세금으로 조성된 공공자금이 무기 구입에 사용되고, 자본주의적 경쟁을 회피하는(독점 계약이라는 의미) 이 결탁은 부패와 부정에 취약할 수밖에 없다. 그리고 발전된 군산복합체가 안보에 집착하는 저개발국가와 접촉할 때 이 나라들은 군산복합체의 영향을 받게 마련이다. 남한도 미국의 영향을 받아 나름의 군산복합체를 발전시켰는데, 이는 부정과 부패의 온상이었다. 남한은 항상 북한을 핑계로 이러한 무기 구입을 정당화하였다. 미국과 한국의 합동 군사 훈련도 두 나라 정부와 군산복합체의 유착 관계를 보여준다. 이러한 유착관계로 말미암아 군사훈련 규모를 줄이거나 폐지하는 일이 불가능해질 것이다.

5) 남북 간 정당성 전쟁(Inter-Korea Legitimacy War)

한반도에 두 국가가 들어선 이래, 남북은 각자 한반도 전체를 자국 관할권으로 상정하였고, 이는 상호 적대적이고 양립할 수 없는 환경을 조성하였다. 둘은 각자 자신이 유일한 합법 국가라 주장한다. 정책과 정치적 수단을 정당화할 때도 상대 체제를 부정하는 방식을 취한다. 근저에는 두 체제가 공존할 수 없다는 생각이 깔려 있다. 즉, 둘 중 하나는 사라져야 한다는 것이다. 두 나라 모두 상대 체제의 전복을 전제하는 국가안보를 추구한다. 이러한 제로섬 경쟁에서 양측은 최고도로 정밀한 무기들을 축적해왔다. 북한은 결국 핵보유국이 되었고, 남한은 미국과의 협력을 통해 가공할만한 군사 국가가 되었다.

1.5 상호 적대적이고 양립 불가능한 체제로의 진화
(The Evolution of Mutually Hostile Incompatible Systems)

남한과 북한이 서로 분리된 채 지낸 지난 70년 동안 두 체제는 물과 기름처럼 다르고 상반된 성격과 삶의 방식을 형성하였다. 이제부터 살펴보려는 것처럼 상호 양립 불가능한 속성들 탓에 섞이기 어렵다.

1) 집단주의 대(對) 개인주의(Collectivism vs. Individualism)

북한은 유교 전통의 연장에서 주민들이 집단주의적 가치를 익혀 온 고도의 집단주의 체제이다. 물론 사회주의적 공산주의 자체가 본질적으로 집단주의 요소를 가지고 있다. 북한은 내부의 역경과 외부의 적으로부터 살아남기 위해 교육과 사회화의 원리로 협력과 공유라는 집단주의 가치를 발전시켜왔다.

반면 자본주의 체제인 남한은 개인의 자유와 사생활과 같은 이념적 가치를 기반으로 하는 개인주의를 발전시켜왔다. 북한에서는 개인에 의한, 그리고 개인을 위한 경쟁이 존재하는 남한과 달리 집단의 이익을 대변하고 증진시킬 때만 경쟁을 수용했다.

2) 민족주의 대 세계주의(Nationalism vs. Globalism)

북한에서는 모든 정책이 국가의 공동이익을 위한 것일 뿐 아니라, 개인의 삶도 그것이 얼마나 국가를 위해 공헌하느냐를 가치 판단의 기준으로 삼는다. 여기엔 나름 이해할만한 이유들이 있다. 북한은 자신의 체제 안에 갇혀 살았고, 이로 인해 체제의 민족주의적이고 자기중심적인 상태를 유지하기 쉬웠다. 북한은 김일성이 태어난 해인 1912년을 기원(紀元)으로 하는 자체 달력을 만들었다. 이 달력이 '주체 달력'이다. 이러한 점에서 보면 북한은 신정(神政)의 한 형태다.

3) 평등 대 자유(Equality vs. Liberty)

자유 민주주의는 자유라는 규범적 가치를 유지하는 방식으로 설계되었다. 반면 '사회주의 공산주의'는 평등을 지키고 증진시키도록 고안되었다. 북한의 중심 가치는 분배의 평등이고, 남한은 개인의 자유다. 분배할 자원들이 제한적일 경우, 평등한 분배는 더 절실해지기 마련이다. 북한의 경제 자원은 매우 제한적이나 평등 수준은 믿을 수 없을 만큼 높다. 따라서 평등이라는 사회정의의 수준이 일반 주민들에게 놀라우리만큼 높다. 북한 사람들은 보편적으로 가난한 반면, 남한 사람들은 풍요롭지만 평등과 사회정의를 박탈당한 상태다.

이미 말한 바와 같이, 북한은 소련과 중국의 대립 때문에 자력갱생을 추구하게 되었다. '주체'는 쉽게 말해 신학적 관점이 들어간 자기 완결적인 철학적 세계관과 유사하다. 전체적으로 주체사상은 추상적이고 형이상학적인 관념 체계다. 주체 교육은 그리 간단치 않다. 이 교리의 발전과정을 이해하기 위해서는 철학적이고 논리적인 사유 과정이 필요하다. 반면, 남한에서는 경제적 실용주의가 전 사회에 팽배해 있다.

4) 전통 대 근대(Traditionalism vs. Modernism)

북한은 체제의 정통성을 민족주의와 김일성의 독립 운동에서 찾고 있기에, 체제가 위대하다는 주장의 근거를 과거 역사와 그들이 선택적으로 추출한 유산들에서 찾아왔다. 북한은 고구려 왕조(B.C.37~A.D.668)와 고려 왕조(935~1392) 둘 다를 중국 대륙까지 영토를 확장한 통일되고 강력한 독립 국가로 중요하게 생각했다. 그들의 국력은 역내(域內)에서 상당하였고, 문화와 과학의 영향력도 세계적 수준이었다. 평양 역사박물관은 역사 유물들을 보관하고 전시함으로써 선조들의 과학적이고 예술적인 성과가 대단했으며 그들이 이웃과 다른 나라 사람들보다 우수했다는 사실을 보여주었다. 그리고 북한에는 조상들이 "흰 쌀밥을 먹고, 기와집에 살며, 아이들을 학교에 보내는 삶"을 꿈꿨던 과거 시절을 언급하며, "우리는 조상들이 갖기 바라는 모든 것을 가진 지상 천국에 살고 있다."는 표어를 내걸었다. 또한 북한 사람들은 김일성이 단독으로 수행한 항일 게릴라 운동 덕분에 한국이 일본 식민주의의 굴레로부터 해방되었다는 주장을 반복해서 떠올린다.

반면, 남한은 그들의 민족주의 유산 또는 일본 식민주의로부터 독립할 때 이승만이 한 공헌에 대해 자랑하지 않는다. 하지만 박정희(1961~1979)가 경제성장과 현대화라는 형식적인 토대를 만들었다고 주장한다. 미국과 일본식의 경제와 사회 근대화를 통해 남한은 발전 모델의 세계적 전형을 창출하였다.

5) 가부장적 사회주의 대 촛불 민주주의

오랜 역사 과정을 거쳐 북한은 마침내 가부장적 사회주의라 부를만한 체제를 구축하였다. 이것은 가족이 우주의 중심이라는 유교적 가치에 기반을 두고 있고, 가족과 가장에 대한 충성을 매우 신성하게 생각하는 체제다. 독특한 점은 국가라는 공동체를 가족의 확장으로 보는 것이다. 북한에게 국가는 정점에 있는 한 명의 아버지와 그 밑에 2,300만 명의 동질적인 구성원들로 구성되는 한 가족이다.

박근혜 대통령 탄핵 이후 남한이 경험한 정치체제 또한 매우 독특하다. 문재인 대통령 당선은 수백 만 명의 일반시민들이 정치적 부패와 부정을 일으킨 박근혜 대통령에 대한 탄핵을 요구한 결과다. 이것은 단순히 위 혹은 아래로부터가 아닌 '모든 방면에서 시작된 혁명'이라 볼 수 있다. 대중 운동의 한 형태로 생생하게 민주주의를 느끼게 해준 정의와 평등을 요구하는 목소리였다. 이렇게 두 한국 사이의 분단선을 가로지르는 대조적인 두 정부 형태에 공통점이 거의 없고, 이로 인해 통합도 통일도 되기 어려울 것이다.

2. 통일은 환상인가?

여기까지 말한 내용을 다음 몇 가지로 정리해 본다.

- 한국은 한반도 주변의 여러 강국들로부터 부러움을 산 '고요한 아침의 나라'였다. 이들 강대국들 가운데, 일본, 중국 왕조들, 러시아, 그리고 미국 같은 몇 나라가 한국을 실질적으로 지배했거나 영향력을 행사했다. 이에 따라 본질적으로 동질적이면서 평화적이었던 한국 사람들은 대량 살상과 분열된 한 국가, 흩어진 가족, 해체된 가치와 문화, 무엇보다 서로 합치할 수 없는 대립된 체제라는 고난을 겪어야 했다.
- 두 체제는 냉전이 종식되었음에도 국제정치와 이념의 양극단

에 서 있다. 비록 전 지구적 범위를 갖는 냉전이 수십 년 전에 끝났음에도 한반도의 이념적 양극화는 대립된 체제로 인해 더 심화되었다.
- 남한과 북한 모두 군비 경쟁, 상호 두려움과 불신, 그리고 서로의 생존을 위해 상대방을 완전히 부정하는 정치적 역학 관계를 초래하는 안보 패러다임에 갇혀 버렸다.

앞에서 요약한 조건들에 따르면 하나의 헌법체제 하의 한반도 통일을 상상하는 일은 가능성이 희박하고, 거의 공상 또는 환상에 가깝다. 그러나 역사는 양측의 공상과 함께 진전돼왔다. 왜냐하면 각자는 상대방의 안보 체제에 굴복하지 않아야 생존할 수 있기 때문이다. 남북한 모두 상대방 진영을 몇 번이고 잿더미로 만들 수 있을 만한 무기를 증강시켜왔다. 그 피해와 사상자를 어느 한쪽도 감당할 수 없을 것이고, 특히 잃을 것이 훨씬 더 많은 남한의 경우 이에 더 취약할 것이다. 따라서 우리는 안보가 현재의 교착상태를 풀 해법이 아니라고 결론내릴 수 있다. 그러면 무엇이 이제와 다르고 더 의미 있는 발전을 위한 대안적 행보가 될 수 있을까? 그것은 이제부터 다루게 될 주제인 '평화'일 것이다.

3. 안보가 아닌, 평화

평화는 단순히 갈등 없는 상태가 아니다.
평화란 조화이다
조화는 질적인 다양성의 종합이다.

그렇다. 갈등의 부재는 최소한의 필요조건일 뿐 충분조건은 아니다. 평화와 안보는 대립 개념이다. 안보는 통제와 지배를 보상으로 기대하고, 이것들은 대개 물리력, 특히 군사력이 결정한다. 상대적 우위와 우세를 안보의 필요조건으로 본다. 승자가 결정되었을 때, 패자는 승리감을 맛볼 수 없다. 승자와 패자 관계는 항상 제로섬 형태 가운데 하나일 수밖에 없다. 이러한 상황이 팽배하면, 통일은 공상에 불과하게 될 것이다.

평화를 조화로 정의할 수 있다. 또한 다양한 것들이 모여 하나가 되거나 다양성이 발전하여 하나가 되는 것이다. 여기서 다양성은 반드시 질적인 차이 가운데 하나여야 한다. 어떤 사람은 음악에서 이뤄지는 조화를 좋아할 수 있다. 오케스트라나 합창에서 이뤄지는 완벽한 조화는 언제나 우리 귀를 즐겁게 해줄 것이고, 다양한 악기와 목소리들이 어울리는 정도가 조화의 질을 결정할 것이다. 오늘날의 정치계는 경쟁, 패배의 두려움, 승리를 확신할 수 없는 데서 오는 불안, 지배하기 위한 전략적 행위, 그리고 가능한 모든 수단들을 동원하여 경쟁자에게 해를 입히는 문화가 지배한다. 세계가 인류의 지속적 생존을 위해 이 세계는 더 조화로운 관계 맺기와 상호작용을 할 수 있어야 한다.

4. 북한의 가부장적 사회주의와 남한의 촛불 민주주의의 변증법적 합일에 의한 평화 통일

또 다른 한국전쟁은 심각한 파괴와 막대한 사상자를 야기할 것이라는 점에서 한반도의 통일은 군사적 수단을 사용해선 안 된다. 양측이 가진 파괴 능력이 너무 커 어떠한 군사적 대립도 확실한 승자를 가리지 못할 것이고, 관련 당사국들 모두 파멸적 손실로 고통을 당할 것이다. 만약 사상자를 기준으로 전쟁 결과를 추정해보면, 남한은 북한의 군사적 침략에 취약한 일반인들이 더 많아 확실히 패자가 될 것이다. 북한은 폭격에 대비한 지하철 시스템과 공동 피난처 형태로 구축한 피난시설을 남한보다 더 많이 가지고 있지만, 이 또한 안전을 보장하지 못한다. 어떠한 군사적 수단이나 해법도 통일 방법이 될 수 없다. 그런데도 현재 대화와 협상을 통해 통일을 실현할 수 있는 문화적이고 정치적인 공감대들이 형성되지 않고 있다. 양 체제 내의 문화적, 구조적, 제도적 측면의 차이가 물과 기름처럼 극명하기 때문에 서로 섞일 수 없다. 이러한 상황에서 상반되는 존재들이 더 완전하고 발전된 하나로 합일될 수 있다는 철학의 변증법적 논리가 있다. 이 상반되는 양극단을 각각 '정(正, thesis)'과 '반(反, antithesis)'이라 부를 수 있다. '변증법(dialectics)'이라는 변화의 과정을 통해 '정'과 '반'은 '합'으로 변화될 것이다. 이 변화 과정에서 '정'은 자체에서 내부 모순을 극복한다. 그 내부 모순이 해결되면 '정'이 '반'으로 바뀌고, 새로운 '정'은 이전처럼 내부 모순을 극복하는 과정을 다시 겪는다. 이 때 두 극단에 서 있는 존재들이 통합되어 하나의 조화로운 형태인 '합(合, synthesis)'에 이른다. 이러한 변증법적 과정이 한반도 통합을 위해서도 꼭 일어나야 한다. 그래야만 앞에서 말한 양립 불가능한 특질들(공동체주의 대 개인주의, 국가주의 대 세계주의, 평등 대 자유, 전통주의 대 근대주의, 유심론 대 유물론, 그리고 가부장적 사회주의 대 참여적 혹은 촛불 민주주의) 이 의미 있는 통합으로 이어질 것이다.

 이상적 정치체제는 이렇게 불가능해 보이는 상황에서부터 진화하기 시작한다. 사회주의와 자본주의, 평등과 자유를 통합시키려는 일 자체가 유토피아적 발상일 수 있다. 이러한 체제는 사회주의의 '필요에 따른 분배라는 목표'와 자본주의의 '경쟁에 의한 분배'를 조합하여 가치와 자원의 완벽한 분배 체제를 형성할 수 있을 것이다. 음식과 건강, 안전과 안보 같은 필수 재화는 공동체나 국가가 제공하고, 여가나 사치품의 경우는 경쟁을 통해 분배하는 것이다. 이러한 방식으로 혼합 체제가 통일 한국 안에서 그리고 한국에 의하여 적정한 수준으로 발전할 수 있다. 통합 과정이 완료되면, 두 체제 각각이 남한에서는 사회민주주의가, 북한에서는 민주적 사회주의가 발전할 수 있다. 운 좋게도, 남한과 북한 두 체제는 서로 가까워져왔다.

5. 한반도에서 평화통일은 가능하다.

앞에서 말했듯이, 한반도에서 서로 대립하는 두 체제는 서로 적대하게 되었을 뿐 아니라 각자의 가치, 제도, 규범, 삶의 양식의 모든 면에서 양립 불가능하게 되었다. 그러나 남한과 북한이 매우 유사한 형태로 공동의 신뢰 체계를 구축하고 있을 뿐 아니라 일반인들도 감정과 정서를 공유하고 있다는 사실을 잊어선 안 된다. 비록 이러한 공통 특징이 필연적으로 통일을 보장하는 것은 아니어도, 남북 교류와 상호이해, 동정과 연민을 촉진해 앞에서 언급한 통일의 변증법적 과정을 크게 앞당길 것이다.

1) 유교문명과 가부장주의

　남한과 북한 사람들은 가장 순수하고 정제된 형태의 신뢰와 규범, 믿음을 가지고 있는 사람들이다. 한 문명, 문화, 종교가 한국에 소개될 때, 남북한 사람들은 그에 심취하는 경향이 있었고 그 수입된 자산은 매우 정제된 형태로 변형되었다. 우리는 이러한 경험을 '한국화 된' 불교, 유교, 그리스도교에서 확인할 수 있다. 유교는 확실히 북한에서 가부장주의를 촉진했다.

2) '한(Han, 恨)'과 '정(Jeong, 情)'을 포함한 다양하고 고통스러운 경험

　사람들이 공유하는 경험은 공동체의 소통과 상호이해의 범위를 넓힐 때 매우 중요하다. 남한과 북한에는 오래고 심오한 공통의 경험이 있다. 지구상의 어떤 사람들도 남한과 북한이 공유한 경험의 깊이와 넓이를 능가하지 못할 것이다. 이 때문에 남한과 북한 사람들은 '한(恨)'과 '정(情)' 같은 일련의 감정과 정서를 공유하고 있다. 경험이 지혜의 직접적인 근원이기에, 한국인이 도달한 지혜의 수준을 간과해선 안 된다.

3) 민족적, 인종적 동질성

남한과 북한 사람들은 지구상의 어떤 민족들보다 역사적 문화적 유산 측면에서 더 동질적이다. 이 모든 유산들 가운데 가장 두드러지는 것이 언어이다.

4) 공용어

언어는 생각 또는 사유의 과정이다. 한 공동체가 한 가지 공통어를 사용한다는 사실은 개인, 집단, 공동체 등 여러 수준에서 이뤄지는 사람들의 상호작용에서 감정과 정서를 공유하고 더 완벽한 소통을 이룰 수 있어 매우 중요하다. 한민족 모든 구성원이 공통 언어를 사용한다는 사실은 그들이 통일 과정에서 과감하게 서로 소통을 시도할 수 있다는 점에서 매우 중요하다.

5) 민족주의(Nationalism)

오늘날 세계 문화는 '민족주의 대 세계주의'로 양극화되어 있다. 하지만 궁극에는 국제 감각을 결여한 민족주의는 비실용적일 뿐 아니라 무의미하다. 그러나 민족주의 없는 세계주의 또한 힘이 없다. 민족주의는 자연스럽고 세계주의를 지탱해나갈 힘을 제공한다. 남한은 세계화 수준이 매우 높고, 남북한 모두 민족주의 정서가 아주 강한 편이다. 북한의 민족주의는 똑 부러지고 순수한 반면, 남한 식의 민족주의는 복합적이고 지구적 관점들로 인해 변형되었다. 그럼에도 민족주의는 남한과 북한 모두에게 통일의 변증법적 과정에서 문화적 자산이 될 것이다.

6) 절대적 가치들의 존중: 사람과 양심

남한과 북한 사람들은 스스로 정의하진 못하지만 절대적 가치에 대한 믿음이 있고, 이러한 가치들을 명료하게 이해하고 있다. 그러한 가치 가운데 두 가지가 '사람'과 '양심'이다.

사람은 '인간'과 대비되는 완벽하고 흠 없는 인격체를 가리키는 단어다. '인간'은 생물학적이고 생리적 존재인 반면 '사람'은 도덕적이고 사회적으로 우월한 존재이다. 여기서 인간 계발의 목적은 '인간'을 '사람'으로 바꾸는 것이다. '양심'은 한 인격체의 가장 중요한 도덕적 의식으로써, 인간의 내적 가치 체계에서 거의 신적이고 가장 진실한 자질이다.

그러므로 통일된 사회에서는 더 많은 '사람'들이 존재하고, 그들이 '양심'에 따라 살아가기를 기대해 본다.

6. 한반도 합중국: 개성연합국(Kaesong Confederate State)의 청사진

6.1 개성 공단: 도약대(跳躍臺)

김대중 정권의 햇볕정책이 시작된 이후 수년간 현대 창업자 정주영 회장은 북한의 김정일과 함께 남북 경제 협력을 공세적으로 추진하였다. 그 결과로 2004년 개성공단이 건설되었다. 이것은 북한의 노동력과 남한의 생산라인 간 산업생산협력이 만난 큰 그림이었다. 남한은 개성공단에서 생산한 물품들을 전량 국내에 반입하였다. 12년이 넘는 기간 동안 투자 협력은 양국을 만족시킬 만큼 성공적이었다. 그러나 보수적인 박근혜 정권이 이 프로젝트를 종료해 이제는 가동되지 않는 상태다. 따라서 더 큰 비전에 입각해 이를 재개해야 한다. 새로운 비전에는 경제 프로젝트들을 다양화하고, 이 프로젝트들의 세계화까지 담겨야 할 것이다.

개성은 통일된 고려의 수도였던 만큼 역사 문화유산이 비할 데 없이 독특하고 괄목할 만하다. 개성이 공단부지로 선정되었을 당시, 남북대표들 간에 개성의 역사 문화유산들뿐 아니라 그 상징적 중요성에 대하여도 충분히 논의하였다.

가능한 변증법적 합일을 위해 남북 양국 체제는 '갈등이 없는 상태', '정'과 '반'이 될 수 있는 '안보 강박증에 빠지지 않은 상태'를 유지해야 한다. 이러한 맥락에서 흔히 '6.15 공동선언'이라 부르는 2000년 6월 15일에 김대중 대통령과 김정일 위원장 간에 맺은 협정이 역사적인 중요성을 갖는다. 본 공동 선언의 제2조는 다음과 같다.

"남과 북은 나라의 통일을 위한 남측의 연합제안과 북측의 낮은 단계의 연방제 안이 서로 공통성이 있다고 인정하고, 앞으로 이 방향에서 통일을 지향시켜 나가기로 하였다."

이 선언은 남한과 북한 체제 모두 연합 혹은 연방국 규정을 받아들이는 것을 인정한다고 명시하였다. 더 나아가 이 선언은 양 체제가 서로 다르다는 사실을 상호 존중할 것임을 확인하였다. 극단적으로 대립하는 두 체제가 이상적 이념과 신뢰할 만한 정치 체제를 구축하는데 유용한 합의안을 도출했다는 점이 매우 중요하다. 북한과 남한은 별개 체제로 현 상태를 그대로 유지하고 있지만, 앞으로 통일된 행정체가 만들어질 것이고, 이를 '개성연합국'이라 부를 수 있을 것이다. 다음은 앞으로 더 숙고할 때 필요한 적절한 실재들과 당사자들에게 제시할 미리 고려할 내용을 담은 초안이다.

- 이름: 개성연합국(The Kaesong Confederate State, KCS)

- 영역: 개성시를 포함한 남북 공동 산업단지. 현재 비무장지대는 너비 4킬로미터, 길이 150마일로 대략 $38°$ 선을 따라 한반도 중간에 위치한다. 비무장지대는 통일 한국에 귀속되어야 하고, 영토의 일부여야 한다. 금강산과 마식령 스키 리조트는 통일 한국의 일부여야 한다. 항구 도시 해주 또한 연합국 영토에 들어가야 한다. 더 추가될 곳들은 개성연합국, 북한, 남한 행정부가 협의해나가야 한다.

- 경제와 세입: 관광 특구로 호황을 누릴 것이 예상되고, 이로써 이 지역이 필요한 재원을 스스로 충당하는 데 충분할 것이다.

6.2 공공 서비스와 기능적 계획(Public Services and Functional Projects)

확장되고 세계화된 공동 경제 단지에 추가하여, 통일 한국 지역에는 공공 서비스 차원에서 내부에 다음과 같은 다섯 개 특성화 학교들을 포함하는 종합대학을 설립해야 한다.

- 평화 학교(School of Peace): 이 학교는 평화학의 중심이 되어야 하고, 국제연합(UN)이 설립한 기구들을 포함하여 다른 모든 평화 관련기구들보다 월등해야 한다. 세계 각국에서, 특히 전쟁으로 고통 받는 나라의 학생들과 학자들을 초청할 수 있다.

- 건강 및 인간생태학 학교(School of Health and Human Ecology): 이 의료 및 건강 관련 기구는 북한의 고려 의학과 남한의 서양 의술을 포함하여 동서양 의술을 모두 포괄한다. 이것이 명실 공히 세계 의학을 대표할 수 있을 것이다. 관련된 의원과 병원도 설립할 수 있을 것이다.

- 환경 및 지속가능성 학교(School of Environment and Sustainability): 비무장지대는 희귀 동식물 종을 비롯하여 65년간 자연의 아름다움을 계속 유지해왔다. 비무장지대를 국제 평화 공원으로 조성하고, 이를 관광과 연구 지역으로 활용할 수 있다.

- 협치 및 사회정의 학교(School of Governance and Social Justice): 이 학교는 통일 한국의 질을 높이고 북한과 남한 관계를 향상시킬 수 있는 새로운 아이디어들을 지속 가능한 방식으

로 탐구한다. 다른 갈등 지역과 사건들 또한 연구와 문제 해결의 대상으로 삼을 수 있다.

- **예술 및 역사 학교**(School of Arts and History): 이 학교는 다양한 형태의 예술을 종합하고 포괄한다는 목표를 가지고 평화 예술과 남한과 북한의 예술을 육성해나갈 것이다. 이 과정에서 진보적 인간 발전이라는 목표가 달성될 것이다.

결론

앞에서 언급한 내용들을 다음같이 정리할 수 있다.

- 최근 격동의 역사에서 한반도는 분단되고 전쟁을 치렀으며 패권국가에게 점령되고 조종당하면서, 양립 불가능한 두 체제로 귀결되었다. 또한 한반도는 안보 패러다임에 포획되었다, 그 결과 통일은 환상이 되었다. 그럼에도 우리는 '평화 패러다임'을 대안적 패러다임으로 탐구해야 한다.

- 만일 '평화'를 '조화'라 정의하면, 통일을 향한 문이 열릴 것이

다. 이 경우 통일은 변증법적 합일이라는 과정을 통해 이루어질 것이다.

- 이 변증법적 합일을 통한 통일 과정은 이론적으로 가능할 뿐 아니라, 개성 공단의 공동 벤처사업과 6.15 공동성명의 성과가 이 일이 경험적으로 가능하다는 사실을 확인시켜주었다.

- 아름다운 한반도에 사는 동질적인 사람인 우리 한국인들은 세계가 아직 목격하지 못한 이상적이고 정의로운 정치 공동체 건설에 필요한 자질과 능력을 모두 가지고 있다.

- 남북통일을 위한 에너지는 한반도에서 흘러 넘쳐 중동과 북아프리카를 비롯한 세계 모든 분쟁 지역으로까지 뻗어나가야 한다. 이를 실현하는 방법으로 평화구축의 변증법적 모델이 전 세계에서 일어나는 분쟁을 해결하는 표준 모델이 될 것이다.

제 2 부

한반도 평화를 위한 가톨릭의 역할

평화를 위한 기반

로버트 W. 맥엘로이 주교
미국 샌디에이고교구장

이 자리에 참석해 한반도의 평화 증진이라는 긴급한 사안과 관련하여 세계 가톨릭 공동체들의 시각, 자원, 증언 그리고 무엇보다 신앙을 상기시켜야 할 도덕적 필요성에 대하여 이야기를 나눌 수 있어 큰 영광으로 생각한다. 이 회의는 한국 가톨릭 공동체가 창의적이고 용감하게 그리고 열정적으로 복음을 받아들였던 전형(典型)을 따르고 있다. 그래서 이처럼 절박한 시기에 가톨릭의 증인들은 진정성 있게 그리고 효과적으로 증거 해야 한다. 여러분의 초대로 미국 가톨릭 신자들은 다음 사실을 떠올리게 되고, 이 사실로 인해 도전을 받는다. 곧, 미국 가톨릭 신자들은 한국의 평화 문제에 미국인의 시각으로 접근하려는 강한 유혹을 물리치고, 그 대신 교회가 전쟁과 평화에 관련된 가장 어려운 문제들에 대해 세계 전역에서 지속적으로 기여해왔던 바들과 가톨릭 신앙으로 풍부해진 시각으로 접근해야 한다는 것이다.

특히 미국 가톨릭 공동체, 그리고 사실상 미국 전체는 교회가 제공하는 세 가지 기본 가르침에 비추어 한반도의 위험한 상황 때문에 빚어진 문제들을 바라보려는 태도가 필수적이다. 첫째, 가톨릭 공동체의 복음과 자연법에 대한 성찰에서 비롯된 '전쟁과 평화윤리'이다. 둘째, 국가 이익의 관점보다 국제 공동선의 시각으로 한국 문제들을 바라보는 것이다. 셋째, 교회 생활에서 나타나는 핵과 핵 억지(抑止)의 도덕성에 관한 가르침이다.

전쟁과 평화에 관한 가톨릭의 가르침

가톨릭의 전쟁과 평화윤리에 대해 말할 때, 복음의 명료한 메시지에서 흘러나와 모든 그리스도인에게 도덕적으로 요청되고 있는 평화 전통의 힘을 간과해선 곤란하다. 초기 그리스도교에서는 분명히 평화주의가 교회의 신학적·사목적 삶에서 가장 두드러졌던 모습이었다.

성경 저자들은 예수님께서 원수들에 대한 참된 사랑을 가르치셨기 때문에, 예수님께서 어떻게 전쟁에서 고질적으로 나타나는 인간 생명을 조직적으로 살상하는 일을 인정하실 수 있었는지 이해하지 못했다. 군 복무는 황제 숭배를 요구했기 때문에 이를 거부하는 일이 그럴 만 했다는 것은 사실이다. 테르툴리아노와 오리게네스 같은 그리스도교 신학자들이 제자가 되라는 부르심과 전쟁에 참가해 도움을 주는 것이 양립할 수 없다고 믿었다는 사실도 자명하다. 그리스도인 제자들이 군 입대를 상당히 주저했다는 것을 보여주는 증거는 차고도 넘친다. 그리고 카르타고의 치프리아노 성인은 당시 그리스도인들이 죽을 줄 알면서도 무기를 드는 걸 거부하였다는 사실에 만족스러워하며 다음과 같이 기록하였다. "그들은 [자신들을] 공격하는 이들에게 맞서 싸우지 않습니다. 무고한 이들은 자신을 공격하는 이들을 죽이는 일 조차 용납하지 않기 때문입니다. 대신 자신의 영혼과 피를 즉시 내어줍니다.…"

교회사에서, 곧 초대교회 공동체에서부터 프란치스코 성인의 시대를 거쳐 오늘날 Pax Christi의 핵심 증언에 이르기까지 영웅적인 신자들은 전쟁의 야만성에 대해 유일하게 참된 그리스도교적 응답이 평화주의라는 점을 보여주었다. 이러한 증언은 수동적이지 않다. 그리스도인의 평화주의는 무저항이 아니다.

평화주의자는 이 세상에 존재하는 악에 맞서 싸우는 데 전념하며, 그러한 악과 싸울 때 그리고 위험에 처한 인권을 보호할 때 큰 희생을 바친다. 그러나 평화주의자는 전쟁의 유산(遺産)을 보면서, 전쟁에서 이러한 악이 패배하지 않을 뿐 아니라 오히려 강해진다고 결론을 내린다. 따라서 그리스도인들한테 평화주의적인 저항 말고 다른 선택의 여지가 없다는 결론을 내리게 되는 것이다. 이방인을 열심히 사랑하라고 요구하는 착한 사마리아인의 비유가 어떻게 그 이방인을 살해하는 일과 조화를 이룰 수 있겠는가?

하지만 아우구스티노 성인은 자신의 고향인 북아프리카가 침략을 당하자 악이 이 세상에 존재하니 이 악을 반드시 물리쳐야 한다고 말했다. '정당한 전쟁'의 전통은 전쟁의 시작과 대응에 상당히 실질적 제약을 가하는 전쟁의 필요성을 부분적으로 수용하면서, 지난 15세기 동안 가톨릭 전쟁 윤리의 중심 틀로 기능해왔다. 인구의 다수를 희생시킬 수 있는 즉 기본권을 박탈할 수 있는 군사력이 판치는 세상에서, 인류사의 특정 시점들에서는 공격에 대한 무장 저항이 정당했다는 판단을 내리는 것에 반대하기 어렵다.

그러나 최근 수십 년 동안 전쟁의 속성에 많은 변화가 일어났고, 이로 인해 정당한 전쟁 전통에서 전쟁의 도덕적 정당성에 대한 교회의 가르침을 극적으로 변화시킬 필요가 생겼다. 전략적 폭격의 발명으로 전장(戰場)이 변하였고, 모든 국가가 현대 무기, 전술과 전략의 표적이 되는 섬뜩한 현실에 직면하게 되었기 때문이다. 대량 살상 무기는 범위와 규모를 상상할 수 없는 고통, 그리고 역사상 처음으로 인류가 자신의 존재를 파멸시킬 수 있는 무기를 소유하게 되었다는 엄청난 위협을 암시한다. 끝으로, 이러한 무기의 확산은 섬뜩한 계산을 하게 만든다. 즉, 나중에 전쟁에 의지하게 되어 서로 싸우게 될 때 핵보유국들이 참여할 수 있다는 계산 말이다. 이것이 지금 우리가 다루는 바로 그 현실이다.

이에 비추어 우리 가톨릭 공동체와 사회 모두는 왜 가톨릭의 도덕적 가르침이 전쟁에 맞서 극적으로 더 강한 확신을 갖게 되었는지 깨달아야 한다. 요한 23세 교황의 회칙 『지상의 평화』 (Pacem in Terris)는 "원자핵 시대에 전쟁을 정의의 도구로 이용할 수 있다고는 거의 상상할 수 없다."고 역설한다. 바오로 6세 교황은 "더 이상 전쟁은 있어서는 안 됩니다. 전쟁은 다시 벌어져서는 안 됩니다."고 분명히 못 박았다. 그리고 베네딕토 16세 교황은 "현재 전쟁의 파괴력으로 봤을 때 정당한 전쟁의 가능성을 받아들이는 것이 정당한가"라고 의문을 표시하였다. 이처럼 현대 교황들은 전쟁을 합법화할 가능성을 좁혀 놓았다. 특히 가톨릭의 가르침은 모든 국가가 전쟁을 대신할 수 있는 방안들을 철저히 강구하도록 의무를 부과해왔다. 아울러 전쟁에 호소할 수 있는 정당한 근거의 범위도 상당히 좁게 만들어 놓았다.

마찬가지로 중요한 것이 교회는 모든 나라가 전쟁이 벌어질 가능성이 희박한 상황에서 긍정적으로 평화를 건설하는 과정에 참여할 중대한 도덕적 의무가 있음을 분명히 하고 있는 점이다. 이러한 연구소를 설립하고 여러 어려움이 있지만 북한과 대화하려는 한국 주교들의 노력은 대화와 발전에 앞장서고 이를 실현하기 위하여 위험을 감수해야 한다는 점을 인상적으로 보여준다. 이는 미국이 북한과의 갈등에 접근하는 방식에서 보여주는 미흡한 점 가운데 하나이다. 지난 15년 동안 북미 관계의 가장 중요한 시기에 이런 한계가 매우 잘 드러났다. 북한의 행동에 미국이 불만과 의심을 품을 만한 합리적 이유가 있는 경우들에서 조차도, 이러한 중요한 단계에서 미국이 보인 반응들은 보복조치, 북한에 대한 단계적 압박, 비난과 철회 등이 특징이었음을 알 수 있다. 이는 교회가 전쟁과 평화 윤리에 관한 교회의 가르침에서 매우 강조하는 평화 건설의 자세와 반대되는 태도이다.

몇 가지 경우에서 미국이 북한에 보였던 반응은 오늘의 관점에서 보면 관계를 긍정적으로 개선할 수 있는 많은 기회를 잃게 만든 것이었다.

현재 미국과 북한이 대립하는 상황에서 미국 (가톨릭) 교회가 대화에 주로 기여할 수 있는 바는, 전쟁과 평화에 관한 가톨릭의 가르침이 이러한 위기 상황에 있는 미국과 모든 세계에 부여한 의무를 참되고 효과적으로 증언하는 것이다. 이러한 기여에는 현대의 전쟁의 위험이 정당한 전쟁 전통의 전통적 한계에 관해 새롭고 긴박한 도덕적 제약을 추가해왔다는 가장 강력한 확신이 포함된다. 또한 가톨릭 공동체와 더 많은 사회에서 평화를 실현하기 위해서는 위험이 따른다 할지라도 대립의 시기에 평화 건설의 본질을 알려주는 것이다. 교회가 미국민들에게 전해줄 수 있는 가장 중요한 현실 가운데 하나는, 흔히 들어왔던 것과 상반되긴 하지만 위험 없는 대안은 없고 예수 그리스도의 복음은 전쟁을 시작하기보다 전쟁을 피하기 위해선 위험을 끊임없이 감수해야한다고 말한다는 점이다.

미국 가톨릭 공동체의 이러한 성찰은 파장을 불러올 것이다. 왜냐하면 최근 수십 년 동안 전쟁에 의존하는 방법을 추구한 신자들조차 정당한 전쟁의 전통을 체계적으로 약화시켜 왔기 때문이다. 이 성찰은 참된 마음의 회개, 인간의 마음을 갉아먹는 전쟁 심리에 대한 거부, 무장 충돌이 아니라 화해를 향한 훨씬 더 심오한 운동으로 평화를 위해 싸우는 길을 옹호하려는 기꺼운 마음을 가질 것을 우리에게 요구한다.

국가 이익 대(對) 국제 공동선

사회교리에서는 가정에서부터 이웃, 협회, 사회 기관, 도시, 지역, 국가에 이르는 모든 인간 사회는 공동선을 공통적으로 가지고 있다고 가르친다. 이러한 인간 사회들 각각을 위한 공동선은 "집단이든 구성원 개인이든 더욱 충만하고 더욱 용이하게 자기완성을 추구하도록 하는 사회생활 조건의 총화"(간추린 사회 교리, 164항)이다. 공동선에는 일반적으로 각 개인에 대한 존중, 또한 집단 자체의 발전이 포함된다. 아울러 공동선에는 모든 사회의 평화와 정당한 관계가 포함된다. 가톨릭교회의 가르침에서 정치공동체는 공동선을 가장 완벽하게 실현한 사례이다. 그러나 국가는 국가 자체만이 아니라, 시민 사회 전체와 중간 기구들의 공동선을 보호하고 촉진하기 위해 존재한다.

「가톨릭 교회 교리서」는 제2차 바티칸 공의회의 가르침을 다시 언급하면서, 다음과 같이 강조한다. "공동선은 언제나 사람들의 발전을 지향한다. '사물의 안배는 인간 질서에 종속되어야 하며 그 반대가 되어서는 안 된다.' 이 질서는 진리에 바탕을 두며, 정의 위에 세워지고, 사랑에서 힘을 얻는다"(1912항).

이러한 공동선 개념에서 출발할 때, 아마도 국제체계 안에서 국가가 살펴야 할 가장 중요한 문제는 역사의 이 순간에 국가나 자기 사회의 도덕적 목적들만을 반영한 것이 아닌 분명하게 구별할 수 있는 공동선이 존재하는지 여부를 살펴보는 것이다. 이러한 점을 살펴보게 될 때 다음 두 가지 핵심 질문에 답해야 한다. 첫째 질문은 참으로 인간적이며 생존 가능한 사회를 구성할 수 있을 만큼 견고한 참된 지구 공동체가 존재하는가이다. 둘째 질문은 사회가 동일하고 강력한 목표를 가지고 있는가이다. 이 목적은 국가의 목적과 구별되고, 참된 국제 행동을 통하여 제도화할 수 있는 것이기도 하다.

지난 반세기 동안 가톨릭교회의 사회적 가르침은 이 두 질문에 점차 긍정적인 태도를 취해왔다. 그러나 가톨릭 교리에 나타난 이러한 진전을 위한 기반을 이해하려면 20세기 중반 가톨릭

사상에 나타난 국제 공동선이라는 주제에서 출발해야 한다.

　초기 국제 사회의 존재에 대한 생각은 20세기 초 전쟁 시기에 재임하였던 교황들의 글에서 빈번히 그리고 감동적으로 표현되고 있다. 참된 공동선을 실현해야 하는 국가가 공동선의 가장 끔찍한 실패 사례인 전쟁을 근절하기 위해 국제 제도를 구축하도록 요구하는 것이다. 그러나 1961년 요한 23세 교황이 반포한 『지상의 평화』에서 국제 공동선에 관한 가톨릭교회의 가르침이 처음 매우 현실적인 방법으로 제시되기에 이른다. 성 요한 23세는 제2차 세계대전 이후 이 세계는 국가가 충족시켜 줄 수 없는 복잡하게 얽힌 많은 문제와 도전에 직면하고 있다고 서술하면서, 참된 국제 공동선이 실제로 존재하고 국제 공동선은 국민 국가의 공동선 또는 시민 사회 보조성의 일부 측면들의 도덕적 정체성만큼 깊은 도덕적 정체성을 내포하고 있다고 선언하였다.

　바오로 6세 교황, 성 요한 바오로 2세, 베네딕토 16세 교황은 심화되는 주제인 세계화와, 세계화로 인해 형성되는 새로운 관계와 도전들을 거듭 지적하였다. 무역, 금융, 경제, 기술 발전, 지적 재산권, 환경적 도전, 주요 자원의 감소 같은 문제들과 그 어느 때보다 만연한 군비, 전쟁, 평화라는 사안들이 세계화의 새로운 기회와 새로운 위협들을 분명히 보여주었지만, 세계화 속도를 늦추기 위해선 아무 일도 하지 않았다. 국제 공동체가 빠르게 형성되고 있다는 문제의식이 가톨릭 사상에서 금세 중심적인 문제가 되었다.

그러나 가톨릭의 가르침에서 중심 질문으로 삼는 바는 세계화가 사회, 문화, 경제, 정치 생활에서 사람들을 더 단단히 하나로 묶어주는 새로운 관계망 형성 여부가 아니다. 교회에 중심이 되는 질문은 분명히 도덕적인 것이다. 베네딕토 교황은 회칙 『진리 안의 사랑』(Caritas in Veritate)에서 다음과 같이 말하며 매우 애통해하였다. "사회가 더욱 세계화되면서 우리는 서로 이웃이 되지만 형제가 되지는 못 합니다"(19항). 국제 공동선의 정체성과 본질에 대한 질문은 철저히 도덕적 질문이다. 그러면 인류 가정의 구성원인 우리 모두에게 맡겨진 형제애의 가장 중요한 연결고리는 무엇인가?

국제 공동선의 이러한 도덕적 실재를 확인시켜주는 출발점은 우리 신앙의 중심축이 되는 다음과 같은 단언이다. 곧, 하느님께서 온 인류 가정의 아버지이시고, 창조는 모든 인간에게 선물이기에 우리가 당연히 지구를 돌보아야 하며, 하느님의 자녀를 부당하게 차별해도 된다는 그 어떠한 근거도 없고, 전쟁은 온 인류 가정에 매우 큰 실패라는 것이다. 참된 국제 공동선이 존재한다는 깨달음은, 신앙과 인류의 이러한 단언을 다루는 가장 심오한 인간 문제들 대부분이 세계화된 사회에서 정당하게 이러한 문제를 다룰 수 있는 국가나 국가의 작은 단체들의 능력 밖에 있다는 것을 이해하는 데서부터 출발한다.

지난 4년 동안 프란치스코 교황은 극심한 빈곤, 경제 정의, 환경 보호, 평화로운 세계 건설이라는 문제가 국가의 실패와 한계로 흔히 심각한 문제를 만들어 내는 지역만의 문제가 아니라는 사실을 세계의 양심에 강력하게 호소하며, 이를 우리가 깨닫기를 요청하였다. 오히려 이러한 문제들은, 세계화가 진전되며 새롭게 등장하고 있는 국제 공동체의 목적이자 국제공동체에 요구되는 참된 국제 공동선의 중심 요소들이다. 간단히 말해, 국제 공동선의 확인은 인류 공동체가 세계화로 인해 형성되는 세계에서 흔히 경쟁만 하는 이웃이 되기보다 형제자매가 될 수 있는 과정을 찾고 제도화하며 추구하도록 요청하는 도덕적 기획이다.

국제 공동선의 존재가 함의하는 바가 일반적인 국제 관계, 특히 우리가 현재 직면한 한반도의 전쟁과 평화 문제에 큰 영향을 미친다. 국가들은 일반적으로 국가 이익의 관점에서 전쟁과 평화 문제에 접근한다. 이는 정부 관계자의 책임이고 또한 자국의 이익을 극대화하기 위한 올바른 도덕적 과정이라 믿는다. 이러한 방식의 외교 정책을 가장 잘 보여주고 있는 것이 미국의 '미국 우선주의 America First!'이다. 국제 공동선의 존재와 구속력 있는 도덕적 요구를 단언하는 신념을 가진 이들은 이러한 방식을 단호히 반대한다. 모든 국가는 국제 공동선을 추구하도록 불림 받았다. 국제 공동선은 국가 이익을 절대 목적이 아니라 보조적이고 공동의 도덕적 현실로 본다.

국제 공동선을 강조하는 체계는 두 가지의 확실하고 중요한 결과를 요청한다. 첫째, 이 체계는 모든 국가의 번영을 결국 한 가지 분석으로 통합한다. 둘째, 특히 위기의 시대에 국가들이 국제 문제를 다룰 때 참되고 협력적인 입장을 향해 나아가도록 하는 것이다.

한국의 현 상황에서 개별 국가의 이익에 기반을 둔 전략은 매우 위험하다. 이러한 접근법은 국가들을 폐쇄적 사고와 행동으로 몰아간다. 지난 6개월 간 한국에서 벌어진 사건들로 인해 미국인들이 가장 많이 갖게 된 생각은 북한의 핵 능력이 고도화되면서 처음으로 불안한 독재자가 이끄는 통제 불능의 정부가 미국 본토를 핵미사일로 공격할 수 있는 잠재력을 갖추었다는 것이다. 그러나 남한 입장에서 이러한 사건들은 여러 차원에서 한국 국민들의 즉각적 안보 대응을 악화시키는 것이며 화해를 위한 가능성을 심각하게 위협하고 한국의 안보와 욕구가 미국의 이익에 종속될 가능성이 있는 현실적 딜레마이다. 일본과 중국은 자신들이 비슷하게 여러 가지 국익, 위협과 요구 등에서 차이를 드러내고 있음을 깨닫는다. 국가 이익에 대한 신념은 이러한 원심력으로 작용하는 권력에 권한을 부여하고 박차를 가한다. 국제 공동선을 기반으로 하는 체계는 이러한 원심력으로 작용하는 권력을 약화시킨다.

결정적으로 국제 공동선 윤리는 이러한 위기와 대립의 시기에 한국인의 미래에 대한 문제가 정당하게 중심을 차지한다는 점을 궁극적으로 강조한다. 세계 핵 전망의 변화 또는 동맹 구조의 변화 또는 더 큰 힘이나 더 적은 힘으로 한국에서 장차 벌어질 사건들에서 누가 등장하게 될 것인지에 대한 문제보다 더 중요한 것이 남한과 북한 국민들의 복지이다. 국제 공동선의 복잡한 체계에 비추어 현재의 위협을 심도 있게 분석하면 이 사실을 잘 알 수 있다.

핵무기에 관한 가톨릭의 가르침

핵확산방지체제(NPT)는 1960년대에 구축되었고 오늘날에도 핵무기 보유의 기본 규범으로 여겨지고 있다. 이러한 핵확산방지체제의 근본 전망은 핵을 보유하지 않은 국가들이 핵무기 보유를 포기함은 물론 핵보유국들도 점차 핵 군축을 해나가는 것이었다. 그런데 이러한 일은 일어나지 않았다. 오히려 세계 핵무기 체제는 근본적으로 현상에 안주(安住)하는 윤리를 수용하였다. 거대 핵보유국들은 여전히 핵을 보유하고 있을 뿐 아니라 심지어 자신들의 무기를 현대화하고 있으며, 주기적으로 새로운 핵무기들을 개발하고 있기 때문이다. 마찬가지로, 핵 억지 정책도 현상에 안주하는 방법을 선택하는 것이 특징이다. 또한 이것이 국제 관계를 안정화시키는 데 영향을 주는 방편이라고 널리 받아들여지고 있다.

안주(安住) 윤리와 대조적으로 핵무기에 관련된 문제들에 대한 가톨릭의 가르침은 현행 핵 체제와 핵 억지 윤리를 거부한다.

핵 시대 내내 가톨릭의 가르침은 예수 그리스도의 복음과 인류 공동체의 가장 근본적인 윤리적 의무와 함께 핵무기가 완벽하게 양립할 수 없다는 점을 변함없이 확고하게 지적해왔다. 제2차 바티칸 공의회는 분명하고 단호하게 다음과 같이 말한다. "도시 전체나 광범한 지역과 그 주민들에게 무차별 파괴를 자행하는 모든 전쟁 행위는 하느님을 거스르고 인간 자신을 거스르는 범죄이다. 이는 확고히 또 단호히 단죄 받아야 한다"(기쁨과 희망, 80항).

그래서 지난 70년 동안 가톨릭교회의 가르침은 모든 차원에서 완전한 핵 군축을 도덕적 당위(當爲)로 삼는데 초점을 맞추어 왔다. 이러한 대량 살상과 무차별적 대량 학살 무기의 존재는 정의롭고 평화로운 세계 질서 확립과 모순되는 것이다. 그리고 이러한 모순은 핵무기 보유가 이미 현실이 된 세계에서 평화를 실현하기 위해 힘의 균형을 추구하는 강력한 실재에 뿌리를 둔 도덕적 정당화 윤리로 축소되어선 안 된다.

그러나 가톨릭의 도덕적 가르침은 단지 우리가 바라는 세계에 뿌리를 둔 윤리가 아니라 언제나 현존 세계 현실에 뿌리를 두는 윤리이다. 따라서 이러한 이유로 특히 냉전 기간에 가톨릭의 사회적 가르침은, 제2차 세계대전 이후시기에 평화를 위해 간과했던 안정을 유지하고, 공격을 억제하기 위해 엄격한 조건을 제시하려는 노력으로 핵무기 보유와 이의 사용 위협에 도덕적 근거를 마련할 수 있을 것이라 생각하였다. 이러한 도덕적 보장은 교회 안의 깊은 회의적 태도, 즉 전쟁과 평화에 대한 가톨릭 가르침의 구체적이고 구속력 있는 요소들을 어기지 않는 방식으로 표적(標的) 선정, 고의성, 전략, 그리고 군사구조 문제에 접근할 수 있는 능력들을 회의적으로 보는 태도에 기초하고 있다. 훨씬 더 중요한 점은 이러한 도덕적 보장이 명백하게 다음과 같은 점을 요구한다는 것이다. 억지력이 절대 도덕적으로 정적(靜的)인 실재여서는 안 되고, 핵 철폐로 나아가는 비상 임시 실재로만 받아들여져야 한다는 것이다. 성 요한 바오로 2세는 1982년 유엔특별군축회의에 전한 메시지에서 이를 다음과 같이 분명하게 말하였다. "현 상황에서, 균형에 기반을 둔 억지력이 분명 그 자체가 목표가 아니라 점진적 군축을 위한 단계라면, 이는 도덕적으로 수용할 수 있다. 그렇지만 평화를 보장하기 위해서는, 언제든 폭발 위험에 노출되기 쉬운 이 최소한의 장치에 만족하지 않는 것이 필수적이다."

냉전 종식은 핵 초강대국과 국제 공동체가 근본적인 진전을 이룰 수 있는 계기였다. 지속적이고 단계적으로 보편적인 핵군축을 향한 진보적 시도가 가능할 수 있었다는 것이다. 또한 초강대국들의 핵 감축과 신흥 핵보유 국가들로 확산되는 시기에 이어 참된 진보의 시기를 맞을 수 있었다는 것이다. 2008년 베네딕토 교황은 세계의 핵 전망을 살펴보고 나서, 안주의 윤리와 제한적으로 핵 확장을 허용하는 것은 억지(抑止) 윤리와 밀접하게 관련돼있고, 그 결과 핵무기 보유가 강대국 위치에 올랐음을 보여주는 표지가 되었으며 새롭게 등장하는 세력들도 자국의 이익과 자국민을 보호하려는 유혹을 느끼게 되었다는 사실에 애통해하였다.

베네딕토 16세 교황은 다음과 같이 말한다. "이 어려운 시대에 모든 선의의 사람이 단결하여 특히 핵무기 분야에서 실질적인 비무장화를 위한 구체적 합의를 이끌어 내는 일이 참으로 필요합니다. 핵 확산 금지 과정에 아무 진전이 없는 이 상황에서, 저는 책임자들이 더욱더 확고한 결심으로 발전적이고 상호 합의된 기존 핵무기 폐기에 관한 협상을 추진하도록 강력히 당부합니다. 저는 인류의 미래를 걱정하는 모든 이의 바람을 담아 이렇게 호소합니다."(제41차 세계 평화의 날 담화)

프란치스코 교황은 2014년 유엔군축회의에 보낸 메시지에서 베네딕토 교황의 뜻을 계속 이어가며 핵 군축 윤리와 핵 억지 윤리가 근본적으로 상반된 것임을 지적하였다. 프란치스코 교황은 오늘날 핵무기의 존재에 대해 고심하면서 세계가 직면한 현

상황이 냉전 현실과 크게 달라졌고, 억지력이 안정적인 핵 세계질서를 구축할 수 있다는 주장의 설득력이 크게 떨어졌다고 말하였다. "핵 억지 전략에 의존하는 것은 핵 억지력 옹호자들이 주장하는 것처럼 안보를 제공하기 보다는 오히려 안전하지 못한 세계를 만들었습니다. 다극화된 세계에서 핵 억지 개념이 안정적인 힘으로 여겨지기보다는 국가들이 확산 금지 체제를 무너뜨리고 자신만의 핵무기를 개발하려는 동기가 되었습니다." 이는 우리가 한반도에서 현재 목도하는 현실이다.

이 두 상황을 고려하면 냉전 종식 이후 핵 세계질서에 나타난 변화는 오래 지속돼온 억지력 윤리의 도덕적 근거들이 체계적으로 붕괴돼온 셈이다. 지배적인 핵보유국들이 상당량의 핵무기 감축 이행을 거부하는 것은, 사실상 핵무기 폐기 약속을 저버렸다는 것을 여러 국가 공동체들에게 보여준 것이다. 이따금 지정학적인 이유들로 새 핵보유국을 용인하는 것은 핵확산 금지 조약을 위반하는 일이자, 일치와 발전을 저해하는 이중 잣대를 만드는 일이기도 하다. 프란치스코 교황은 "이러한 전개 과정에 밀려 핵 억지력의 구조가 붕괴되기 시작하였다."는 점을 간과하였다. 엄청난 핵 위협이 지역 강국의 행동에서 나타나고 있고, 심지어 지구적 차원에서 폭력을 행사하기를 갈망하는 테러리스트와 반란자들의 행동에서 훨씬 더 섬뜩하게 나타나고 있다.

또한 이러한 억지력이 효과를 발휘하지 못하는 사례들이 늘어나고, 핵무기 배치를 위해 목표물과 과정들을 설정하는 것을 둘러싼 의도의 윤리 문제에 비추어 교회는 억지력의 도덕적 정당성을 다시 한 번 깊이 숙고해보게 되었다. 국가가 엄청난 인명 피해를 초래하는 대량 살상 무기를 사용하도록 용납하는 도덕적 근거가 존재하지 않는다는 점이 점점 더 명백해지고 있다.

이러한 이유로 가톨릭의 가르침은 억지력 윤리를 전면 거부해야 한다는 결론을 내렸다. 프란치스코 교황은 2014년 유엔 총회에 보낸 성명서에서 이를 아주 분명히 밝혔다. "현실주의자들은 일단 포기하더라도 안보 체계인 핵 억지력은 신중하게 서서히 포기해야 한다고 주장합니다. 그러나 적은 규모로, 점진적으로 그리고 본질적으로는 쌍방의 변화들을 통해 가야 한다면서 현재의 불안정한 핵 환경을 용인하는 것이 현실적입니까? 핵의 불안정성을 조장하는 조건들을 계속 무시해야겠습니까? 게다가 핵보유국과 비 보유국 간 불균형이 핵 확산 금지 체제의 불안정을 초래하는 주된 원인 가운데 하나라는 것을 부인하는 것이 현실적입니까?"

가톨릭의 사회적 가르침은, 집단 안전 보장은 억지력 체제에 있지 않고 오히려 집단 안전 보장이 핵무기 폐기를 위한 활동적이고 포괄적인 움직임 안에서만 발견될 수 있는 도덕적 지정학적 현실을 폭넓게 수용하는데 있다는 것을 세계가 깨닫기를 요청한다. 교황은 이렇게 말한다. "참된 평화는 전쟁의 기술적 수단에만 편협하게 의존하는 불안정한 윤리들을 만드는 수단적인 신중함에서 나올 수 없습니다. 평화에 대한 더 깊은 통찰력에 뿌리를 둔 건설적인 윤리, 곧 수단과 목적이 밀접하게 일치하는 윤리로 평화에 대한 긍정적인 요소들이 무력 사용을 분별하고 제한할 수 있는 윤리가 필요합니다."

매우 현실적인 방법으로 가톨릭의 가르침은, 집단 안전 보장을 향한 길은 그동안 위축돼왔고 포기해왔던 그리고 핵 억지력 시대에는 위선적이라 간주되었던 확산 방지체제의 본래 구조를 구성하는 바로 그 요소들에 있다고 말한다. 핵무기 재앙을 제거하면 세계 모든 국가에 공동의 이익이 있을 것이라는 신념이다. 핵보유국과 비 보유국 모두가 계속해서 핵 군축을 실질적으로 이루어야 한다는 주장이다. 어떠한 형태로든 핵무기를 사용하는 일은 온 인류 공동체의 구조를 공격하는 것이라는 보편적 인식이자, 또한 핵무기 보유국들이 핵 군축을 철저히 수용하는 데 더 큰 책임이 있다는 인식이다.

북한이 핵무기를 개발하고 핵무기를 사용하겠다며 인류 공동선을 위협하기 때문에 우리는 오늘 이 자리에 모였다. 그리고 거대 핵보유국들도 세계 무기통제 체제의 근본 윤리를 거부하는 안주의 태도로 이러한 무기 체계를 온존시키고, 심지어 현대화하면서 인류 공동선을 위협하는 현실 탓에 평화 건설이라는 우리의 목표 실현의 길이 더 복잡해졌다. 게다가 한국에서 그리고 세계적으로 핵 문제에서 진척을 보려는 우리의 노력은 재래식 무기 경쟁으로 큰 방해를 받고 있으며, 이러한 경쟁 탓에 핵무기 사용을 하지 않는다 하더라도 재앙에 가까운 인류 절멸의 유령과 맞닥뜨리게 되었다. 모든 국가는 이러한 대결의 순간에 부정한 방법을 사용한다.

결과적으로 유일하게 한 국가에만 군비 축소에 대한 책임을 지울 수 있는 도덕적 근거는 없다. 모든 핵보유국은 상당 수준의 핵무기 감축과, 억지력 윤리의 포기, 이러한 위기의 시기에 국제 공동선을 함께 증진시킬 수 있는 구체적인 단계의 확인을 향한 실질적인 과정을 빠르게 진행해야 할 도덕적 의무가 있다.

결론

우리는 전쟁과 평화, 그리고 한반도와 전 세계가 직면한 국제

정체성과 화해에 대한 문제를 해결하는데 협력하고자 이 자리에 모였다. 우리 가톨릭 신앙과 교도권의 가르침은 이러한 노력에 힘을 실어줄 수 있는 큰 은총이다. 특히 가톨릭의 가르침에 전쟁과 평화에 대한 가르침, 국제 공동선 윤리, 핵무기와 핵 억지력에 대한 가르침이 모두 포함될 때 이 대화를 수행하는 강력한 틀이 될 수 있다.

그러나 열매를 맺기 위한 이러한 대화를 위하여 우리 각자는 흔히 불일치와 심지어 조롱까지 받을 수 있다는 사실을 올바로 인식하면서 각자가 속한 사회에서 교회의 가르침을 증언해야 한다는 사실을 알아야 한다. 모든 국가의 교회는 복음과 신앙의 필요성에 비추어 세계 평화와 우리 인류의 미래에 관한 근본 문제들에 관해 교회 스스로 새 입장을 취해야 한다. 오늘날 우리가 가진 임무들 가운데 하나는 당연히 대화이다. 그러나 그보다 더 중요한 것이 우리가 속한 신앙 공동체와 국가에서 사람들의 마음과 영혼이 회개하도록 힘쓰는 일이다.

한반도의 평화
: 가톨릭교회가 추구하는 평화

미카엘 고로 마츠우라 주교
일본 나고야교구장

현대 세계의 현상

지금 세계와 동북아시아는 위기 상황이다. 자국 중심주의 확산, 극우세력 대두에 의한 난민과 이주자에 대한 배척, 또한 분쟁과 테러의 빈발 등 세계 전체가 폭력적으로 변해가고 있어서다. 아프리카의 이슬람 과격파 보코 하람(Boko Haram)이 「노예제도를 부활한다」고 공언하고, 실제로 여성을 "우리"에 넣어 "팔고 있는" 영상을 보노라면 마음이 아프고, 우리가 도대체 어느 시대에 살고 있는지 착각하게 된다.

유럽에서는 이민 배척 운동을 비롯한 '네오 나치즘(Neo-

Nazism)'이 부활하고, 일본에서는 '헤이트 스피치(hate speech)'가 횡행하는 등 마치 세계는 판도라 상자를 열어 놓은 것 같다. 지금까지 차별과 인권에 반하는 행위들이 많았으나, 적어도 공적으로는 그렇게 하면 안 된다며 억제시켜왔고 또한 '차별을 허용해선 안 된다'는 공통의 가치관도 있었다. 그러나 지금은 차별과 배척이 일반화되어 공공연히 자행되고 있고, 그에 따라 세계는 급속히 폭력적으로 변해가고 있다.

이 같은 현실에서 많은 국가들이 테러와 비인도적 행위를 비난하고 그러한 행위에 보복하고 있다. 그러나 이 같은 비난이나 보복은 또 다른 폭력을 낳고, 결국 증오와 폭력의 연쇄사슬이 끝없이 계속 이어지게 만든다. 우리들은 지금 잠시 멈춰 서서, 세상이 어떻게 이 지경이 되었는지 생각해보고 그 원인을 찾아내 근본 해결책을 강구하지 않으면 안 된다.

교회도 일관되게 현대 세계를 주시하며 메시지를 발표해왔다. 1981년 일본을 방문한 요한 바오로 2세 교황이 히로시마에서 행한 평화 메시지가 지금 현실감 있게 다가온다. "각국에서 많은 사람들이 보다 강력하고 진보된 병기를 생산하여 끊임없이 전쟁을 향한 준비를 하고 있습니다. 그것은 전쟁 준비를 하고 싶다는 욕구를 나타낸 것이며, 준비가 갖추어졌다는 것은 전쟁 개시가 가능하다는 것을 의미합니다. 더욱이 그것은 언제든지,

어디에서, 어떤 형태로, 누군가가 세계를 파괴하는 가공할 메커니즘을 발동시킬 위험을 무릅쓴다는 것을 말해줍니다"(히로시마 『평화 Appeal』 1981년 2월 25일). 교황의 히로시마 평화 메시지 공포(公布)에서 36년이 경과한 지금, 이와 같은 호소는 한반도 위기에서 현실로 나타날 개연성이 높아지고 있음을 말해준다. 또한 프란치스코 교황은 2017년 세계의 평화의 날 메시지에서 세계가 '산발적 세계대전'(2항)에 휘말리고 있다는 점을 지적하셨다. 우리들이 이 같은 상황에 놓여 있으므로 어느 한쪽에서 평화 구축의 흐름을 확인하고 연대하면서 평화를 위한 방안을 강구할 필요가 있다고 본다.

빈부 격차의 원인

2001년 9월 11일 뉴욕에서 동시다발 테러 '9.11' 사건이 발생하였다. 미국은 '9.11이 모든 것을 바꾸어 놓았다'고 하며, 테러와 새로운 전쟁에 참가하도록 각국에 압력을 가했다. 그러나 미국 외교문제평의회의 월터 랏셀 미드(Walter Russel Mead) 교수는 "미국의 문제는 9.11로부터 시작된 것이 아니라 11.9로부터 시작된 것이며 11.9야말로 미국의 교만함의 출발점이었다."고 하였다. '11.9'는 1989년 베를린 장벽이 붕괴된 날이다. 즉 11월 9일에 동서 이데올로기의 벽이 무너졌으나 모든 분쟁의 원인인 남북의 벽, 즉 빈부격차는 그대로 남아있고 뿐만 아니라 자본주의 진영의 오만함으로 벽이 뛰어넘기 어려울 정도로 한층 더 치솟았다.

현재에 이르기까지 모든 분쟁의 근저에는 부의 격차 문제가 내재되어 왔고, 그 격차는 현재도 더 벌어지고 있다. 현재 세계 상위 8명의 대부호와 하위 36억 명의 총자산이 맞먹는 단계까지 이르렀다. 그런데도 군사력을 통해 격차를 더 고정화시켜 온 것이 증오의 사슬을 만들었고 마침내 IS(이슬람 국가)와 같은 집단을 낳았다고 할 수 있다. 여기에 연쇄 사슬을 끊기 어렵게 만드는 군수산업의 이권을 덧붙일 수 있겠다.

따라서 과격집단을 지금과 같이 군사력으로 '말살'하는 방법으로는 해결할 수 없고, 그렇게 하면 또 다른 그룹이 출현하리라는 것은 명약관화한 일이다. 목전(目前)의 폭력을 방지하기 위한 대책이 필요하나 근본적으로는 지금까지 자본주의 진영의 오만함을 인정하고 진심으로 반성하며, 빈곤문제 해결에 국제사회가 본격적으로 나서는 것이 필요하다.

냉전이 지속되는 동북아시아

2001년 당시 코피 아난(Kofi Annan) 유엔 사무총장은, 분쟁 예방을 위해서는 시민의 역할이 중요하다고 보고 NGO 국제회의와 무력충돌예방을 위한 세계적 연대, 즉 GPPAC(Global Partnership for the Prevention of Armed Conflict) 구축을 제창했다. 그 준비의 일환으로 세계를 15개 지역으로 나누어 각 지역에서 준비한 과제와 제언을 기초로 최종문서를 채택하고, 이에 대한 국제사회의 호응을 촉구하였다.

동북아시아 지역에서는 2005년 2월 도쿄 유엔대학에서 준비회의가 개최되었다. 그때 저는 일본 가톨릭 정의·평화협의회를 담당하였던 관계로 위원 1명을 준비회의에 파견했다. 그때 참가자의 보고 내용이 대단히 흥미로웠다.

유엔대학에서 개최된 준비회의에 참석한 일본 이외 NGO들의 현상 인식은 다음과 같았다.

> 첫째, 동북아시아는 한국과 북한, 타이완과 중국의 관계에서 보는 바와 같이 세계에서 유일하게 남아 있는 냉전지대이다.
> 둘째, 일본은 군국주의 국가이다.
> 셋째, 이와 같이 긴장된 지역에서 해결 수단이 되는 것은, 전쟁 포기,

전력의 불(不)보유, 교전권의 부인(否認)을 규정하는 일본 헌법 제9조이다.

이와 같은 관점에서 한반도 위기를 포함한 동북아시아에서 평화에 관한 일본의 책임이 무겁다고 하겠다. 유감스럽게도 일본정부는 이와 같은 책임을 지려 하지 않고 도리어 '보통 국가'를 내걸고 개헌을 통해 군대를 보유함으로써 대국의 길을 걸으려 하고 있다. 분명히 아시아의 NGO가 지적한 바와 같이 일본은 계속하여 군국주의를 지향하고 있다고 말할 수 있다. 이 같은 일본의 자세는 동북아시아 특히 한반도 위기를 고조시키고 있다.

'안전보장 딜레마'

현재 긴장 관계에 있는 동북아시아에서 '안전보장 딜레마'와 '자기 성취적 예언'이라는 문제에 빠지지 않도록 노력하지 않으면 안 된다. '안전보장 딜레마'는 국가의 안전보장을 위한 준비, 동맹 등의 대책이 기대와 달리 타국으로부터의 위협으로 간주되고, 다른 국가들도 군비증강으로 대응하게 됨으로써 군비확장 경쟁이 유발되어 국가의 안전보장이 오히려 위태롭게 되는 것을 의미한다.

'자기 성취적 예언'도 '안전보장 딜레마'와 연관성이 있는 개념이다. 즉 미래에 대한 우려와 불안에 대해 취했던 대책이 역설적으로 피하고자 한 상황을 현실화 시켜버리는 경우를 가리킨다. 마치 제1차 세계대전의 계기가 되었던 오스트리아 황태자 암살사건에 대한 주변국의 대책이 바로 그 전형적인 예라 하겠다. 즉 주변국가가 그 사건으로 인해 예상되는 위협에 대한 대책을 마련하기 시작하자 오히려 쌍방의 위협이 증폭되어 현실이 되었던 것이다. 이와 같은 점에서, 한반도 긴장과 중국의 군비확충에 대한 일본의 과도한 반응과 대책은 오히려 동북아시아에 위협이 되고 있다고 말할 수 있다. 한반도의 분쟁 등은 일본 정부가 의도적으로 부추기는 면이 없지 않다.

평화에 역행하는 일본정부의 동향

아베 정권은 2006년 9월 출범하면서부터 무리하게 헌법을 개정하려는 시도를 되풀이하였다. 제1차 아베정권 때는 국민의 맹렬한 반대에 부딪쳐 정권을 잃었다. 그러나 2012년 12월 제2차 정권에 들어서서는 국회에서 안정적 다수를 배경으로 다시 개헌을 향해 돌진해왔다.

　이번에는 이전의 실패를 경험 삼아 성문(成文) 개헌은 일단 접어두고 헌법 해석을 바꾸어 현행 헌법을 유명무실하게 하는 방법, 또는 입헌주의의 근간인 정부에 대한 속박을 제거하고, 국민의 알 권리를 제한하는 등 위헌 소지가 있는 법률을 잇달아 제정하고 있다.

　2013년에는 「특정비밀보호법」 의결을 강행하여 정부가 알리고 싶어 하지 않는 사안을 마음대로 비밀로 지정할 수 있게 하였다. 연이어 '국민의 생명과 재산을 지키기 위해서'라는 이유로 2014년 7월 1일 각의에서 집단적 자위권을 인정하는 결정을 내리고 이를 법제화하기 위해 2015년 9월 19일 안보 관련 법안을 가결·제정하였다. 헌법 학자들의 95%가 집단적 자위권은 위헌이라는 견해를 표명하였는데도 말이다. 더군다나 2017년 3월 21일에는 「테러 등 준비죄」를 법제화하여 감시사회의 발단이 되게 했다.

　이와 같은 일련의 법률은 헌법을 개정하지 않고 헌법에 의한 권력에 대한 제약, 즉 입헌주의를 없애버리는 것, 말하자면 '헌법파괴 쿠데타'가 자행되고 있는 것이다. '국민의 안전과 안심을 위한'이라는 명분을 걸고 민주주의의 토대를 파괴하고 만 것이다. 일본 정부는 안보법 법제화에 따라 「민간 NGO 등의 긴급

요청에 따른 경호」를 위해 자위대가 해외에서 무력행사를 할 수 있는 길을 터주었다. 게다가 지금까지 헌법 제9조의 엄격한 규제와 무기수출 3원칙이 있어 무기 수출이 실질적으로 전면 금지되어 왔으나 집단적 자위권 용인에 따라 방위장비청이 신설되어 무기 수출과 무기 개발을 당당히 할 수 있게 되었다. 경제단체연합회는 '엄청난 비즈니스 찬스'라고 싱글벙글하며 기자회견을 가졌다.

물론 시민들은 이와 같은 움직임에 대해, 일본에서는 아주 드물게 많은 젊은이들도 참가하여 전국 각지에서 반대 데모와 집회를 가졌다. 그러나 정부는 아랑곳 하지 않고 국회에서 안정적 다수를 확보하고 있는 지금을 호기로 보고 모든 안보관계 법안 의결을 강행하여 법제화하였다.

이와 같은 일본의 동향은 미국과 군사동맹을 강화하기 위한 것이나, 이런 움직임이 '안전보장 딜레마'로 나타나고 있다. 일본은 중국과 북한의 군사적 위협을 부추김으로써 군사화를 추진하고 있으나, 일본이 헌법 9조에 의한 제한을 제거하여 미국과 군사동맹을 실질적인 것에 근접시켜 나가면 북한과 중국은 더 긴장하고 군비확장 착수에 나설 것이다.

일본 헌법 제9조를 평화의 도구로

2005년 가톨릭계 난잔 대학교에서 일본과 오스트레일리아의 평화를 연구하는 학자 15명이 참가한 가운데 '9·11' 이후의 세계 평화에 관한 흥미 있는 워크숍이 개최되었다. 이 워크숍에서 안전보장 딜레마를 극복하기 위해서는 일본 헌법 제9조가 유효하다는 결론을 도출하였다. 요컨대 일본은 자위대라 하지만 세계 10위권에 들어가는 군사비를 지출하고 고성능 장비를 갖춘 세계 유수의 군사력을 갖추었음에도 주변국에 위협이 되지 않았다. 그것은 일본의 군사력이 전수방위에만 사용되고 해외에서는 일체 사용할 수 없었기 때문이다.

이와 같은 이론에 따르면, 예컨대 세계 최강의 군사력을 유지하는 미국이라 하더라도 만약 '제9조'가 있다면 어떤 국가에 대해서도 위협이 되지 않을 것이다. 이런 의미에서 전 세계 국가가 '제9조'를 가짐으로써 안전보장 딜레마를 극복할 수 있다. 물론 이는 이론상으로 그렇다는 것이다. 일본은 '제9조'가 있지만 집단적 자위권 행사가 가능하다고 무리하게 헌법해석을 하였기 때문에 설득력이 떨어지긴 하지만 이것이 안전보장 딜레마를 극복할 수 있는 실제 사례임에 틀림없다.

내가 일본 가톨릭 정의·평화협의회를 담당하고 있을 때, 미국 가톨릭 평화단체인 'Pax Christi'와 제휴하여 미국 각지에서 강연회를, 워싱턴에서 로비 활동을 한 적이 있다. 오늘날 일본의 군사화 움직임에는 미국의 압력이 있기 때문이다. 또한 개인적으로는 과거 두 차례 한국의 가톨릭교회에서 일본 헌법 9조에 대해 강연했다. 한국 입장에서 보면, 어떻게 한국에서 일본 헌법에 관해 강연을 할까 하는 의문이 들 것이다. 그러나 여기에는 내 나름의 두 가지 이유가 있다.

첫째, 제9조를 지키는 것이 과거 침략전쟁에 대한 보상의 길이라 인식하고 있기 때문이다. 즉 일본이 전쟁으로 아시아에서 많은 희생자를 낸 것에 대한 보상의 길은 두 번 다시 전쟁을 하지 않는 것과 평화를 위한 국제공헌을 계속하는 것이다. 일본에서 개헌 움직임이 점차 힘을 얻는 가운데 그 변천의 과정을 한국인들에게 이해시켜 한국과의 연대 고리를 넓히기 위함이다.

둘째, 헌법 제9조가 세계의 간절한 소망이기 때문이다. 지금에까지 이른 역사를 간략히 언급해본다. 20세기는 전쟁의 세기였지만, 그 뿐만이 아니었다. 국제사회는 어떻게 하면 전쟁 피해를 최소화하고 무고한 일반 시민의 피해를 없앨 수 있을까 하는 등, 인도적 관점에서 전쟁에 제약을 가하는 한편 전쟁 그 자체를 없애기 위해 전쟁 위법(違法)화를 추진해온 세기이기도 하다.

　제1차 세계대전 참화 직후부터 미국에서는 '전쟁 비합법화 운동'이, 한편 유럽에서는 집단적 안전보장에 의한 전쟁억지를 모색하는 움직임이 시작되었다. 전쟁 비(非)합법화 운동은 침략 뿐 아니라 자위와 제재를 포함한 일체의 전쟁을 비합법화하려는 사상이다. 전쟁을 도발하려는 국가는 언제나 자위라 주장하기 때문이다. 다수 국가의 서약과 여론, 국제재판소, 전쟁처벌법 등을 담보로 하여 생각해 왔던 것이다.

　한편 제재를 인정하는 집단안전보장 흐름이 국제연맹을 탄생시켰다. 두 가지 흐름은 1928년 파리의 부전(不戰)조약에 합류하여 전쟁을 위법으로 규정하였다. 그것은, 제2차 세계대전을 거쳐 유엔 헌장과 일본헌법 제 9조에 계승되었다. 일본 헌법에는 이와 같은 국제법이 도달한 인권, 평화 이념이 포함되어 있다. 그런 의미에서, 저로서는 특히 헌법 전문과 제9조는 세계가 준 보배라 자리매김하고 있다. 따라서 우리들은 이것들을 손에서 뗄 수 없고, 오히려 이를 세계에 확산시켜 나가야 할 사명을 갖고 있다고 생각한다. 오스트레일리아의 헌법학자 C. 손다즈는 "장래 국제헌법을 제정할 수 있게 되면, 일본 헌법 제9조를 모델로 할 수 밖에 없으며 9조의 존재는 세계 평화 구상에 많은 자극을 주고 있다."고 언명하였다.

'무력충돌 예방을 위한 세계적 연대(GIPPAC)'는 2005년 7월 유엔 본부에서 세계 회의를 개최하였다. 118개국, 900명 이상이 참가한 회의에서 확인된 「세계행동선언」은 헌법 9조를 다음과 같이 평가하고 있다. "지구상에 규범적·법적 서약이 지역의 안정을 촉진하고 신뢰를 증진시키는 중요한 역할을 발휘하고 있는 지역이 있다. 예를 들면, 일본 헌법 제9조는 분쟁해결의 수단으로서 전쟁을 포기함과 동시에 그 목적을 위한 전력의 보유도 포기하고 있다. 이는 아시아·태평양 지역의 집단안전보장의 토대가 되고 있다."

평화를 위한 가톨릭교회의 사명

1981년 요한 바오로 2세 교황이 일본을 방문하여 히로시마에서 발신한 '평화 호소'는 일본 가톨릭교회에 큰 영향을 끼쳤다. 처음으로 '일본교회'라는 인식이 싹텄다. 그전까지 메시지를 낼 때에는 각 주교가 연명으로 서명했으나 이번에는 전원 찬동을 뜻하는, 주교단 명의로 발표했다. 이것은 사회에 대한 일본교회의 책임을 자각시키는데 기여했다.

'평화 호소'에서 "과거를 되돌아보는 것은 장래에 대한 책임을 지는 것"이라 표명하였기에 1995년 전후 50주년부터 10년마다 주교단 메시지를 발표하여 과거 전쟁에 대한 교회의 책임을 언급하고 평화를 다짐해 왔다. 또한 야스쿠니 신사 문제, 신교자유의 문제, 헌법 9조를 삭제하려는 책동에 대해 비폭력에 의한 평화를 호소하는 메시지를 발표하는 등 자주 목소리를 높여 왔다.

이와 관련하여 한국교회와 연결하는 것이 갖는 의미는 대단히 크다고 할 수 있다. 금년에 23번째가 되는 한일 주교교류회는 매년 대부분의 주교가 참가하고 있고, 처음에는 양국 주교단 레벨에서 역사인식을 공유하자는 취지에서 출발하였다. 이 교류회를 통해 한일 학생교류회도 탄생하는 등 교회 차원의 활발한 교류가 축적되어 온 것은 앞으로 평화구축에 큰 힘이 되리라 생각한다.

이 교류회를 계기로 몇 개 교구에서는 구체적인 협력관계를 시작하는 등 좋은 결실이 맺어지고 있다. 이것은 주교 차원에서뿐만 아니라 양국 신자들을 위해서도 아주 큰 표징이 되고 있다. 특히 사회 문제나 평화에 관한 주교단의 대응 보고와 학습은 쌍방에 많은 것을 시사해주고 자극을 주고 있다. 원자력 발전소 문제에 대해 상호간 자극을 주면서 메시지나 해설 본을 같은 시기에 발표하고 있다.

평화에 관해 가톨릭교회, 그리고 교회의 중추적 역할을 하는 종교인들의 역할이 앞으로 더 중요하게 되는 것은 평화가 보편적인 것으로 받아들여지고 있기 때문이다. 평화는 인류 공통의 소원으로 모든 사람이 다 화제로 삼고 있다. 그러나 '평화'라는 동일한 어휘를 사용하더라도 그 의미하는 바는 대부분 다르다. 그 때문인지 세계를 둘러보면 실제로는 평화가 가까워지기는커녕 오히려 더 멀리 사라지고 세계는 점점 더 혼미해지고 있다.

가장 중요한 점은 누구에게 평화인가 하는 점이다. 가장 먼저 가정의 평화, 국가의 평화를 떠올리는 사람이 많다. 정치가들도 자주 평화를 강조하고 국익을 위해 활동하기 때문에 지지를 받는다. 본래 국익은 반드시 국민 한 사람 한 사람의 이익이 아니라 국가체제의 이익 또는 권력 측에 있는 일부 인간들의 이익이다. 문제는 그 평화가 과연 모든 사람들을 포함한 보편적인 것을 지향하는가 여부이다.

자국의 평화와 국익을 지키는 것을 목표로 한다면, 여타의 다른 국가나 국민을 자국의 평화와 국익에 대해 위협적인가, 아닌가 하는 관점에서 보기 마련이다. 그렇게 되면 국가는 때로 국익을 위해 타국의 자원을 탈취하고 전쟁을 일으키기도 한다. 이렇게 되면 국민들도 국익 제일주의를 생각함으로써 다른 나라에서 어떤 일이 벌어지는가에 대해 무관심하게 되고 정부를 지지하게 된다. 추구하는 평화와 그 토대인 인간의 존엄도, 국익이 아니라 보편적인 것이 아니면 평화는 실현되지 않는다. 재단법인 히로시마 평화문화센터 스티븐 리퍼(Steven Leeper) 이사장은 평화 관련 종교 지도자에 대한 기대로서 "종교인의 세계관은 어떤 경우에도 자국을 응원하는 것이 아니라 모든 사람이 평화스럽고 행복하게 살게 되기를 바라고 국가를 초월해야 한다."고 언급하였다. 이런 의미에서 종교 지도자의 책임과 역할이 무겁다고 하겠다.

'피스 존(Peace Zone)'으로서의 평화지대를

과거 내가 관여했던 캠페인 중에 '무방비지역선언 운동'이란 것이 있다. 이 운동은 제네바 조약 추가 제1의정서 59조에 근거하여, 국가 레벨이 아니라 어떤 도시가 정하는 조건을 충족하고 무방비 지역임을 선언하면, 전쟁이 발발할 때에도 그 지역을 공격해서는 안 된다는 국제법을 활용한 평화 운동이다. 이것은 군대가 시민을 지키지 못하고, 오히려 군대가 없는 편이 시민은 안전하다는 국제법을 원용한 현실적인 방법이다.

실제 사례가 있다. 태평양 전쟁 말기 오키나와 전투에서 일본

군인이 주민들을 말려들게 함으로써 비극적인 일이 벌어졌고, 민간인 사망자가 군인 전사자 9만 명을 상회하는 10만 명이나 되었다. 그와 같은 상황이었음에도 군대가 주둔하지 않음으로써 전쟁의 참화를 막은 곳이 있었다. 장소는 오키나와 케라마 제도의 마네 섬이다. 일본군은 전투 준비를 위해 군부대를 마네 섬에 주둔시키려 했다. 그때 초등학교 분교장이 자신의 체험과 지식에 의거하여 미군의 공격을 회피하기 위해 일본군의 마네 섬 상륙을 끝까지 거부했다. 그 결과 일단 섬에 상륙한 미군도, 일본군 병사가 주둔하지 않은 마네 섬을 '비(非) 방어지구'로 인정하여 공격하거나 주민들을 포로로 삼지 않고 오히려 식량을 두고 철수하였다. 오키나와 전투의 비극적 상황 중에서도 마네 섬은 단 한 사람의 희생자가 없었고 손상을 입지도 않았다.

이 같은 예는 또 있다. 제2차 대전 중 파리가 독일군에 대해 '개방도시'를 선언하고 무혈입성을 허용함으로써 파리 시민들의 희생을 막을 수 있었다. 이와 같은 소위 「Peace Zone」 사상은 일본뿐 아니라 콜롬비아의 전쟁 비협력을 선언한 「Peace Community」, 필리핀의 「Peace Sanctuary」 및 「Nonmilitary Zone」, 「Neutral Zone」 등의 명칭으로 세계 각처에서 실천되고 있다.

알다시피 한국과 북한 간에는 38도선이라는 완충지대가 있다. 무단으로 출입할 수 없는 구역이지만, 생각에 따라서는 38도선의 폭이 넓어지고 그 속을 병사도, 무기도 없는 지역으로 한다면 그곳이야말로 평화 구역이 될 가능성도 있다. 난민이라도 그곳으로 도망쳐 들어가면 습격을 당할 걱정 없이 안심하고 살 수 있는 장소가 된다. 세계의 작은 지역에서 시험적으로 선보이고 있는 「Peace Zone」이 한반도에서도 유효하지 않을까 생각해 본다.

한반도에서 시작하는 동북아 평화

강우일 주교
제주교구장

국가와 통치권력

최근 한반도를 둘러싼 동북아가 초유의 군사적, 외교적 긴장 상태를 팽팽하게 이어가고 있다. 미국과 중국, 일본, 그리고 또 이 3강 사이에서 자신의 생존을 지키기 위해 몸부림치고 발버둥치는 북한, 그리고 이 강대국들 사이에서 눈치 보기와 줄타기를 하며 균형을 잡기 위해 골몰하는 한국이 각기 팽팽히 겨루고 있다.

요즘 나는 현실 역사란 일관된 진리나 가치에 의해 움직이는 것이 아니라, 시대와 환경에 따라 갈지(之)자 걸음을 걸으며 변화하는 현상임을 보게 된다. 불과 70년 전까지 적으로 대치하며 수백만 명을 죽이고 파괴하던 미국과 일본이 세계에서 가장 가까운 우방이라며 어깨동무를 하고 양국의 국가원수가 상대국을 방문하며 서로 애정공세를 펴고 있다. 한국도 미국도 6.25전쟁 때 수십만의 중국 군대와 전투를 벌였는데, 오늘날에는 중국과 세계 최대의 무역 관계를 이어가기 위해 전전긍긍하고 있다.

그래서 자주 생각하게 된다. '과연 국가란 무엇인가?' 사전에서 국가는 '일정한 영토와 그곳에 사는 사람들로 구성되어 통치권을 갖고 있는 공동체, 나라'로 정의되고 있다. 국가는 통치권을 가진 공동체로 풀이된다. '국가는 국민을 다스리는 권력을 가진 주체다.' 이 말에는 국가가 국민위에 서고 국민은 국가에 추종해야 하는 아랫사람이라는 인식이 바탕에 깔려 있다. 그런데 이 개념은 좀 문제가 있다.

국가는 역사의 시작부터 존재한 것이 아니었다. 오랜 역사를 거치면서 여러 인간 집단들이 그때그때의 이해관계에 따라 만들기도 하고 해체시켜오기도 한 것이다. 혈연 중심인 씨족 사회에서 시작해 부족 사회, 부족 연합을 거쳐 지역을 기반으로 하는 나라가 생겼고, 강력한 군주가 나서 여러 집단을 통치하는 왕정이 되었으며, 이어 여러 군소 국가를 하나로 지배하는 제국이 생겨났다. 근대에 와서 제왕은 사라졌으나, 국가가 국민 위에 군림

하며 절대 권력을 행사하는 '국민 국가(nation state)'가 이를 대체하였다.

20세기 들어 두 차례에 걸친 참혹한 세계 대전을 겪으며 인류는 한 가지 진리를 깨달았다. 세상에서 가장 중요한 것이 국가보다 사람의 생명이라는 점이다. '이 세상에서 누구도 인간 생명을 멋대로 박탈하거나 훼손할 권리는 없다. 즉 국가도 인간 생명과 기본권을 마음대로 박탈할 권리는 없다.'는 깨달음이다. 두 번의 세계대전에서 희생된 수 천만 생명의 죽음과 고통을 통해, 인간 생명은 국가보다 우선해야 할 존재라는 인식이 싹트기 시작했다. 이러한 자각에 기초하여 1948년 12월 8일 유엔에 모인 50개국 정상은 세계인권선언문을 채택하였다.

우리는 보통 국가라 하면 아주 숭고하고 고귀한 가치를 갖고 있고, 국민 모두가 어떤 희생을 치르더라도 지켜내야 하는 신성한 존재로 인식해왔다. 그래서 나라를 위해 몸 바치는 사람을 존경하며 애국자라 찬양하였다. 그러나 인류가 살아온 여정을 자세히 들여다보면, 국가가 과연 그리 신성하고 절대적 가치를 지니는지 좀 더 객관적으로 비판하고 의심해 볼 필요가 있다.

우리 대한민국은?

유엔에서 세계 50여 개국 대표가 모여 남한 단독 선거를 가결하고 국민 투표로 1948년에 정부가 설립되었다. 그에 따라 대한민국 헌법이 제정되고 국호도 정해졌다. 이승만 정권에 대한 평가가 여러 가지로 나뉘기는 하지만, 그래도 국민 총선거를 통해 즉 민의(民意)로 구성된 정부였다. 이승만 정권은 1948년 8월 15일 건국을 선포했다. 그런데 이 정권은 그해 10월 17일 제주도에 좌익세력이 많다며 제주도에만 계엄령을 선포하고 좌익 무장대를 일소한다는 명목으로 제주 중산간 마을을 초토화하며 민간인들을 집단학살하였다. 그 결과 제주도민 10%이상에 해당하는 3만여 명이 학살당했다. 같은 시기 전국 각지에서도 보도연맹에 가입된 이들이 북한군에 협력할 우려가 있다는 명목으로 무려 20만 명 가까이 학살을 당하였다.

1960년 4.19로 이승만 대통령이 하야하였다. 이어 합법적 선거를 통해 제2공화국이 들어섰다. 그러나 정국이 혼란스러웠다. 제2공화국은 박정희가 이끄는 군인들의 쿠데타로 일 년여 만에 전복되었다. 처음에 군인들은 질서가 바로 잡히면 자신들은 제자리로 돌아가고 국민의 선택에 맡기겠다고 했다. 그러나 그들은 그대로 남아 권력을 차지하고 정부를 불법적으로 인수했다.

그 후 군사독재에 항거하는 모든 세력을 끊임없이 탄압하고 제거하다 대통령 자신이 저격당했다. 군인들은 자신들의 권력 독점을 이어가기 위해 12.12사태라는 제2의 쿠데타를 일으켜 제5공화국 체제를 출범시켰다. 이것이 오늘의 한국이 형성될 때까지의 중간 과정이다.

이렇게 생각해볼 때 '국가란 과연 무엇인가'에 대해 새롭게 생각하게 된다. 국가는 국민 전체의 행복, 생명, 재산과 안전을 위해 존재한다고 주장하지만, 현실에서 기능하는 양상을 보면 제한된 극소수가 올바르지 못한 방법으로 권력을 장악하고 국민 모두의 공동선을 위해 일하기보다 소수의 명분과 이익을 위해 비합법적 폭행과 범죄를 일삼은 경우가 대부분이었다. 이처럼 국가가 섬기고 보호해야 할 국민의 기본권을 국가 스스로 유린한 사례들이 허다했다. 그러니 국가를 국민이 무조건 추종하거나 순종하여야할 신성불가침의 존재로 보는 것은 문제가 있다.

국가는 인간의 기본권을 마음대로 침해할 절대 권위를 아무한테서도 받은 적이 없다. 그런데 국가 권력을 장악한 사람들은 마치 그런 권위를 받은 것처럼 행동해 왔다. 권력자들은 고대에서부터 자신들이 제정한 여러 법률체계와 상징물을 통해 국가를 신격화해왔다. 왕정시대에는 임금이 신에게 직접 권력과 위엄을 선물 받은 신성한 존재임을 백성들 뇌리에 각인시키기 위해 제관 직무를 겸임하였다. 이는 몇몇 인간들이 받들어 세운 국가를 신의 작품으로 신격화하기 위한 방법이었다. 물론 현대에는 이런 방법이 통하지 않는다. 그럼에도 권력자들 뿐 아니라 일반 대중 가운데 일부는 여전히 국가에 초월적 권위가 있다는 막연한 생각을 하는 것 같다.

그리스도인은 인간들의 공동체인 국가를 근거 없는 신화에서 해방시킬 사명을 띠고 있다. 지상에 평화를 건설하려면 우리 모두가 신격화된 국가의 주술에서 벗어나야 한다. 권력을 행사하는 이들도 신격화된 국가의 허상에서 해방될 때 비로소 국가를 초월하는 더 높은 궁극적 가치를 향하는 전망을 가질 수 있다. 국가 권력도 국가를 현실 가치체계의 최고 순위에 놓지 말고, 국적·국경을 넘어 인류 전체의 행복과 평화를 추구하는 전망을 열어갈 수 있을 때 세상에 참된 평화가 찾아올 것이다. 그렇지 않으면 나라와 나라의 마찰과 분쟁은 세상 종말까지 계속될 것이다.

국가와 영토

현재 세계평화를 가장 위협하는 곳은 중동 지역이다. 이스라엘과 팔레스타인 간의 긴장과 갈등이 끊이지 않아 애꿎은 노약자들만 계속 목숨을 잃었다. 시리아는 내전이 심각하여 지난 여러 해 동안 10만 명이 훨씬 넘는 이들이 죽었고, 200만 명 이상이 고향을 떠나 난민 생활을 하고 있다. 최근에는 이라크 수니파 중심으로 무장 세력들이 IS라는 새로운 이슬람 국가를 만들었다며, 많은 사람들을 잔인무도하게 죽이고 내쫓고 있다. 여기에는 이슬람의 시아파와 수니파 간 갈등 등 여러 원인이 작용하였지만, 본질은 땅을 차지하려는 욕망이다. 이들은 이를 위해 끝없이 전투를 벌이며 남녀노소를 가리지 않고 죽여 왔다. 세계 여러 나라가 이런 참혹한 비인간적 폭력 사태를 보고 안타까워하면서도 근본적인 해결책을 내놓지 못하고 있다.

지금의 중동 지역은 고대에서부터 여러 제국들이 서로의 땅을 놓고 빼앗기 위해 각축을 벌였다. 아브라함의 후손, 이스라엘 백성은 나그네로 떠돌다 노예생활 하던 에집트를 탈출한 후 모세의 인도 하에 40년 동안 광야를 떠돌다 여호수아의 인도로 겨우 팔레스티나 땅에 정착하였다. 이스라엘 백성은 그곳이 약속된 젖과 꿀이 흐르는 땅인 줄로 기대했으나 그곳에는 이미 여러 원주민들이 살고 있었다. 히브리인들이 팔레스티나 원주민들과 수많은 갈등과 전투를 거친 끝에 이스라엘 왕국(기원전 1050년 경)

을 세우기까지는 무려 200년이 걸렸다. 그러나 이 왕국은 얼마 안 가 남북으로 분단되었다. 기원전 722년 북 이스라엘은 아시리아에게 점령당했고, 남 유다 왕국은 기원전 586년에 바빌로니아에게 멸망했다. 그 이후 페르시아, 그리스, 로마, 오스만 제국이 차례로 이 지역을 지배하였다. 세계 1차 대전 이후 1920년부터 1948년까지는 이 지역을 영국이 지배하였다. 오늘날 이스라엘 새 정부가 다스리고 있긴 하나, 팔레스티나의 긴 역사를 돌이켜 볼 때 이 땅이 유다인만의 것이라 단언할 수 없다.

하느님께서 아브라함에게 땅을 약속하신 것은 살아가는 터전을 마련해 주시겠다는 것이지 땅 자체에 대한 절대 소유권을 약속하신 것은 아니었다. 성경 전통에서 땅은 본디 인간이 독점할 수 있는 것이 아니다. 레위기에 보면 땅은 어디까지나 하느님이 잠정적으로 인간에게 관리를 위탁한 하느님의 소유이지, 인간이 이를 영구히 자기 것으로 만들 자격은 없다. 사정이 어려워 땅을 남의 손에 넘겼다 해도 희년이 되면 땅은 원 주인에게 돌려주어야 한다는 것이 성경의 기본 입장이다.

"땅을 아주 팔지는 못한다. 땅은 나의 것이다. 너희는 내 곁에 머무르는 이방인이고 **거류민일 따름이다.**"(레위 25,23) 땅에서 나는 모든 소출의 십분의 일을 하느님께 바치라는 십일조 규범도 땅에서 얻은 모든 복이 다 그 땅의 주인이신 하느님께서 주신 것이니 하느님께로부터 받은 복에 감사하는 뜻으로 봉헌하라는 의미이다.

일곱째 해는 경작을 하지 말고 고아와 과부나 나그네들이 굶주림을 해결하도록 하라는 안식년 규범도 땅의 주인은 하느님이시고, 하느님께서 힘없는 이들에게도 먹을 것을 나누기를 원하시니 아무도 땅의 권리를 독점하지 말라는 의미이다.

아브라함도 이사악도 일생을 나그네살이를 했지 땅 주인이 되어 대지주 노릇을 한 적은 없다. 이는 이사악에게 내리신 주님의 말씀에서도 드러난다. "너는 이 땅에서 나그네살이하여라. 내가 너와 함께 있으면서, 너에게 복을 내려 주겠다. 내가 너와 네 후손에게 이 모든 땅을 주고, 너의 아버지 아브라함에게 맹세한 그 맹세를 이루어 주겠다."(창세 26,3) 하느님은 이사악에게 땅을 주시고 복을 내려 주시지만 그곳에서 나그네살이를 하라 하십니다. 후에 이사악의 아들 야곱이 요셉을 의지하여 에집트로 내려가 파라오를 만나는데, 파라오가 그의 나이를 묻자 야곱은 이렇게 응답한다. "제가 나그네살이 한 햇수는 백삼십 년이다. 제가 산 햇수는 짧고 불행하였을 뿐 아니라 제 조상들이 나그네살이 한 햇수에도 미치지 못한다."(창세 47,9) 야곱은 생의 마지막 순간에 자신의 일생을 '나그네살이'로 인식한다.

나그네라는 자아 인식은 인간이 이 세상을 잠시 스쳐 지나는 여행객으로 이해하는 표현이다. 이 세상의 모든 것은 잠시 함께하는 인연일 뿐 영구하고 절대적 소유와 종속의 관계가 아님을 말한다. 아브라함, 이사악과 야곱의 하느님께서 그들을 평생 나그네로 살도록 부르신 것은 하느님께서 내리시는 복이 땅덩어리보다 훨씬 더 소중하고 가치 있는 것임을 깨닫게 하시려는 목적이었을 것이다. 그리하여 그들을 땅에 대한 집착과 소유욕을 초월한 자유로운 삶, 하느님께 모든 것을 의존하는 믿음의 삶으로 초대하신 것이었을 터이다.

　그러나 이스라엘은 약속의 땅에 정착하면서 하느님의 말씀과 하느님의 뜻을 섬기기보다 그 땅이 주는 소출과 부에 더 마음을 빼앗겼다. 이스라엘은 그 땅을 차지하고 정착하면서 일찍부터 그곳 땅을 일구어 오던 농경민들의 관습과 그들이 섬기던 종교까지 받아들이고, 그들의 사회적, 물질적 제도와 탐욕까지도 모두 넘겨받았다. 이스라엘 백성이 같은 하느님의 자녀로 형제적 우애와 연민이 넘치는 사회를 건설하기보다 이집트인들이 그들을 괴롭혔던 착취와 수탈의 체제를 답습하여 동포의 땅을 빼앗고 재물을 축적하기에 급급하였다. 그러다 결국은 이방인들에게 모든 땅을 다 빼앗기고 사방으로 끌려가고 쫓겨 가고 흩어지고 말았다.

이러한 이스라엘에게 하느님은 새로운 땅을 말씀하신다. "보라, 나 이제 새 하늘과 새 땅을 창조하리라. 예전의 것들은 이제 기억되지도 않고 마음에 떠오르지도 않으리라. … 늑대와 새끼 양이 함께 풀을 뜯고 사자가 소처럼 여물을 먹으며 뱀이 흙을 먹이로 삼으리라. 나의 거룩한 산 어디에서도 그들은 악하게도 패덕하게도 행동하지 않으리라."(이사 65,17.25)

예언서의 가르침은 이스라엘 백성에게 땅에 대한 완전히 새로운 이해와 전망을 제시한다. 이스라엘이 그토록 집착하던 약속의 땅은 팔레스티나의 한 땅덩어리를 초월하여 새 하늘과 새 땅이라는 종말론적 땅으로 탈바꿈되어야 함을 예언자들은 제시한다.

예수님은 구약의 백성이 그토록 매달리고 되찾으려 했던 땅을 '하늘나라, 하느님이 다스리시는 왕국'으로 대체하신다. 여기서 하늘은 땅의 것들과 크게 대비된다. 당신을 따르는 제자들에게도 땅과의 인연을 끊고 이 땅을 초월하는 새로운 땅을 추구하도록 가르치고 경고하신다. "너희는 자신을 위하여 보물을 땅에 쌓아 두지 마라. 땅에서는 좀과 녹이 망가뜨리고 도둑들이 뚫고 들어와 훔쳐 간다."(마태 6,19)

예수님은 당신과 당신 제자들이 근원적으로 땅에 속한 사람이 아님을 가르치셨다. "위에서 오시는 분은 모든 것 위에 계신다. 땅에서 난 사람은 땅에 속하고 땅에 속한 것을 말하는데, 하늘에서 오시는 분은 모든 것 위에 계시다."(요한 3,31) 예수님은 땅에 사시지만, 땅에서 분리되어 거룩한 하느님의 땅으로 도약하여야 할 존재셨다. "나는 땅에서 들어 올려지면 모든 사람을 나에게 이끌어 들일 것이다."(요한 12,32) 예수님을 따르던 초대 그리스도인들도 이러한 예수님의 자의식과 세계관을 이어받아 '자신들은 이 세상에서 이방인이며 나그네일 따름이라는'(히브리 11,13) 인식 하에 "사실 땅 위에는 우리를 위한 영원한 도성이 없습니다. 우리는 앞으로 올 도성을 찾고 있다."(히브리 13,14)하고 고백하였다.

동북아 현실과 교회의 역할

과거 AFKN이라는 미군 방송을 들을 때 Far East Network라는 말을 자주 들었던 기억이 난다. 미국은 100년 전까지 자국의 서쪽에 태평양이 있어 아시아에 관심이 적었다. 미국의 시선은 항상 동쪽인 유럽을 향하고 있었다. 그래서 그런지 미국인들은 한국을 볼 때, 유럽 대륙과 아시아 대륙을 넘어 그야말로 땅 끝에 있는 먼 나라로 보는 것 같다. 그러다 최근 중국의 급부상과 북한의 도전으로 동북아에서 세력균형이 깨질 조짐을 보이자 자의반 타의반으로 동북아에 다시 눈길을 돌리는 중이다. 중국의 현상타파 전략에 맞서 미국은 이 지역에서 패권국으로서의 위상과 체면을 유지하기 위해 미일 동맹과 한미 동맹을 강화하려 하고 있다.

각국의 정치지도자들은 군사적, 외교적 역학을 최대한 활용해 자국의 이익을 극대화하려 한다. 그런데 정치지도자들의 국가 의식은 너무 근시안적이고 짧은 역사적 파장 안에 갇혀있다. 그런데 각국 지도자들이 자국의 이익을 추구하는 데 매달리는 한, 상호 고조되는 긴장과 갈등, 군비 경쟁을 피할 수 없다. 그만큼 세상에 평화가 실현될 가능성은 희박해진다. 각국의 지도자들과 국민 모두가 편협한 국가주의를 넘어설 때 비로소 평화의 기틀이 마련될 수 있다. 따라서 각 나라의 그리스도인들은 이러한 변화를 추구하는 활동에서 선구자가 되어야 한다.

**한반도와
동북아 평화를 위한
가톨릭의 역할**

교회인가	2018년 6월 28일 천주교의정부교구 이기헌 주교
인쇄일	2018년 7월 5일 초판 1쇄 발행

지은이	이기헌 외 5인
펴낸이	강주석

펴낸곳	도서출판 가톨릭동북아평화연구소
주소	경기도 파주시 탄현면 성동로 111 민족화해센터(내)
전화	031-941-6238
팩스	0303-0941-6239
전자우편	publcinap@hanmail.net
등록	제406-2018-000071 (2018년 6월 18일)

ISBN 979-11-964214-0-3

ⓒ 이 책은 저작권법의 보호를 받는 저작물이므로
무단 전제와 복사를 금합니다.